广西检察工作发展状况及展望

（2015 年度）

广西壮族自治区人民检察院/编

中国检察出版社

图书在版编目（CIP）数据

广西检察工作发展状况及展望.2015年度/广西壮族自治区
人民检察院编. —北京：中国检察出版社，2016.12
ISBN 978 - 7 - 5102 - 1816 - 3

Ⅰ.①广… Ⅱ.①广… Ⅲ.①检察机关 - 工作报告 - 广西 -
2015 Ⅳ.①D926.3

中国版本图书馆 CIP 数据核字（2016）第 322098 号

广西检察工作发展状况及展望（2015年度）

广西壮族自治区人民检察院 编

出版发行：中国检察出版社
社　　址：北京市石景山区香山南路 111 号（100144）
网　　址：中国检察出版社（www.zgjccbs.com）
编辑电话：(010) 68682164
发行电话：(010) 88954291　88953175　68686531
经　　销：新华书店
印　　刷：河北省三河市燕山印刷有限公司
开　　本：A5
印　　张：3.5
字　　数：94 千字
版　　次：2016 年 12 月第一版　2016 年 12 月第一次印刷
书　　号：ISBN 978 - 7 - 5102 - 1816 - 3
定　　价：12.00 元

导　言

2014 年，广西壮族自治区人民检察院首次出版《2013 年广西检察工作发展状况分析及展望》，获得了社会各界的肯定。为进一步顺应司法公开公正的社会期盼，自治区人民检察院继续开展此项工作，力求以此书为载体，深化检民交流，拓展阳光检务，接受社会监督。

2015 年，广西检察机关主动适应新形势、新变化，坚持以法治为引领，以司法办案为中心，强化法律监督、强化自身监督、强化队伍建设，深化司法体制改革和检察改革，不断提升严格规范文明公正司法水平，忠实履行维护社会大局稳定、促进社会公平正义、保障人民安居乐业的职责使命，各项检察工作均取得新进展。在自治区党委政法委委托自治区统计局开展的民意调查中，检察机关的满意率连续 4 年在政法机关中排名第一。自治区人民检察院连续 5 年在自治区直属机关年度工作绩效考评中获评优秀。在自治区十二届人大五次会议上，自治区人民检察院工作报告赞成率为96%，连续 4 年以 93% 以上的赞成率获得通过。

本书对 2015 年全区检察工作发展状况进行总结分析，对 2016 年工作进行形势研判和展望。请读者批评指正。

目　录

调 研 篇

总报告：2015 年广西检察工作发展状况及展望

2015 年，广西检察机关忠实履行宪法法律赋予的职责，开拓进取，奋发有为，各项检察工作取得新进展。在最高人民检察院通报的 37 项检察业务核心数据中，排名居全国前 5 位的有 7 项、居前 10 位的有 16 项。实现全区涉检进京零上访，获中央政治局委员、中央政法委书记孟建柱同志充分肯定。成功办理最高人民检察院交办的 3 名原省级干部职务犯罪案件。圆满承办第九届中国—东盟成员国总检察长会议。全区检察机关共 34 个集体、32 名个人获最高人民检察院表彰，其中有 6 个检察院获评全国科技强检示范院。惠民扶贫领域职务犯罪专项预防、侦查活动监督、财产刑执行监督、检察委员会规范化建设、检察队伍专题教育等 12 项工作在全国相关会议上作经验介绍。南宁铁路运输检察分院在全国铁路检察分院综合考评中排名第一。

一、2015 年广西检察工作发展状况

（一）基本情况

1. 充分履行各项检察职能，推进广西法治建设

（1）认真履行批捕、起诉职责。共批捕各类刑事犯罪嫌疑人 36609 人、起诉 43407 人。严惩黑恶势力、危害公共安全等严重影响群众安全感的犯罪，批捕犯罪嫌疑人 25533 人、起诉 27562 人。参与危爆物品管理大整治暨打击涉枪涉爆违法犯罪专项行动，批捕犯罪嫌疑人 1138 人、起诉 1004 人。开展维护弱势群体权益专项行动，依法惩治侵犯农村留守儿童、妇女、老人和残疾人合法权益的

犯罪，批捕犯罪嫌疑人 2065 人、起诉 2864 人。提前介入柳城县
"9·30"系列爆炸案、广西医科大学暴力伤医等案件引导侦查。

（2）深化查办和预防职务犯罪工作。共立查职务犯罪案件
1543 件 1841 人，为国家和集体挽回直接经济损失 5 亿多元。其
中，立查贪污贿赂犯罪案件 1244 件 1493 人、渎职侵权犯罪案件
299 件 348 人；立查大案 1268 件、县处级以上干部 177 人。深入开
展预防职务犯罪工作，提出预防检察建议 1008 件，被采纳 881 件；
开展警示教育和宣传 4747 次；积极参与社会诚信体系建设，为工
程招投标、政府采购、金融信贷等提供行贿犯罪查询 29.8 万次。
创新开展预防职务犯罪公益宣传，通过发放预防手册、制作廉政短
片、设立高杆广告牌等形式深入开展预防职务犯罪宣传活动，在最
高人民检察院组织开展的全国检察机关首届预防职务犯罪专题微电
影评比中，广西检察机关共有 10 部选送作品获奖，获奖总数居全
国第 3 位。

（3）强化对诉讼活动的法律监督。依法纠正有案不移送、应
当立案而不立案、不应当立案而立案、违法插手经济纠纷等问题，
监督侦查机关立案 929 件，监督撤案 846 件。加强对刑讯逼供、滥
用强制措施、侵犯诉讼权利等问题的监督，对侦查活动中的违法情
形提出纠正意见 1033 件（次）。依法追加逮捕犯罪嫌疑人 1314 人，
追加起诉 2168 人。加强对量刑畸轻畸重、有罪判无罪和审判程序
违法的监督，对认为确有错误的刑事裁判提出抗诉 137 件。加强和
改进刑事执行检察工作。深化"减假暂"专项检察活动，加强对
有权人"以权赎身"、有钱人"提钱出狱"等问题的监督，纠正
"减假暂"提请、裁定不当 620 人次，查处利用办理审批"减假
暂"职务之便弄虚作假、收受贿赂的犯罪嫌疑人 29 人。加强羁押
必要性审查，提出变更强制措施建议获采纳 816 人（次）。对特赦
罪犯的报请、审理及裁定工作实行全程同步法律监督。切实加强民
事行政检察工作。认真实施修改后民事诉讼法、行政诉讼法，统筹
推进生效裁判监督、审判程序监督和执行活动监督，对生效民事行
政裁判提出抗诉 150 件，发出再审检察建议 173 件，提请抗诉 231

件；对民事行政审判活动进行监督，发出检察建议 495 件；对民事行政执行进行监督，发出检察建议 806 件。

2. 持续加强自身建设，提升司法公信力

（1）持续完善司法监督体系。严格规范案件进出口关和过程控制监督，加强受案与结案审查、流程监控、文书监管，扎实开展案件流程管理。通过发出书面流程监控通知书和口头提示等方式，发出办案和羁押期限预警 2254 次，纠正法律文书不规范问题 1083 次，确保案件办理工作规范运行。将案件质量评查作为内部监督的常态，研究制定办案质量评查具体办法，组织开展质量评查，对照规范标准，逐案打分，对"不及格"案件进行责任倒查，督促整改。推进以司法规范为核心的制度体系建设，围绕司法办案重点部门、重点环节、重点岗位，制定完善办理延长侦查羁押期限案件规定、严格规范使用指定居所监视居住措施的指导意见等一批制度规则。

（2）努力提高队伍思想政治素质和业务工作能力。全区检察机关认真学习领会习近平总书记对政法队伍建设的指示精神，扎实开展党的群众路线教育实践活动和"三严三实"专题教育，通过举办全区检察机关领导干部全面推进广西法治建设专题研讨班、学习红旗渠精神专题报告会等形式，打牢检察人员高举旗帜、听党指挥、忠诚使命的思想基础。检察队伍正规化、专业化、职业化水平得到新提升。全区检察机关共举办正规化脱产培训 177 期，培训 13788 人次。持续推进检察人才六项重点工程建设，评选出第三批广西检察业务专家 12 名，各业务条线人才库收纳人才 538 名。年内新录用公务员 245 名，全部为全日制本科以上学历，其中法学专业 221 人，占 90.2%，队伍结构进一步优化。自治区人民检察院派出 14 名干部到基层挂职锻炼。加强检校合作，派出 31 名检察官到高校任兼职教授。

（3）扎实推进规范司法行为专项整治工作。集中开展规范司法行为专项整治，对近三年来办理的所有案件逐一检查，对基层检察院建设开展抽样评估，开门听取公安机关、法院等单位和社会各界的意见建议，对查摆出来的司法不规范突出问题和典型案件予以通报，明确整改责任和措施，构建规范司法行为长效机制。检察委员会规范化建设工作成效突出，在全国检察机关相关会议上介绍了经验。

3. 积极稳妥推进改革，促进司法公正高效

（1）深入推进涉法涉诉信访工作机制改革。持续推进综合检务服务平台建设。全区有 101 个检察院建成综合检务服务中心，不断丰富和发展集控告申诉接待、案件受理、行贿犯罪档案查询、法律咨询、律师阅卷等功能于一体的"一站式"服务群众的"广西经验"。三级检察院全部完成远程视频接访系统建设，不断提升服务群众水平。大力推进网上信访系统和全区检察机关控告申诉信息平台建设。加强初信初访办理工作，加大分流办理力度，引导群众依法表达诉求，努力把问题解决在基层、矛盾化解在基层。积极探索引入律师、法学专家、心理咨询师等第三方参与化解信访案件，提升处理信访案件的透明度和公信力。

（2）全面推进以案件信息公开为核心的检务公开制度改革。共发布案件程序性信息 81328 件、重要案件信息 3293 条、公开终结性法律文书 21355 份。在最高人民检察院通报的 7 项案件信息公开数据中，广西有 5 项居全国前 10 位，自治区人民检察院有 3 项排名居全国省级检察院第 2 位。大力加强新媒体检务公开平台建设。全区检察机关全部开通官方微博、微信、新闻客户端和门户网站，是全国第 4 个实现"两微"全覆盖的省份，"广西检察院"微信公众号获评"全国十佳检察微信"、新闻客户端获评"全国十佳检察客户端"。通过推进检务公开制度改革，以检务公开促公正，有效保障人民群众的知情权、监督权。

（3）全面推进人民监督员制度改革工作。与司法行政部门密切配合，完成人民监督员选任管理改革，全区共新选任人民监督员 690 名，人民监督员监督案件 225 件。进一步健全人民监督员监督制度，将查办职务犯罪的关键环节纳入人民监督员监督范围，规范接受监督程序。同时，努力扩大人民监督员监督信息来源渠道，探

索拓宽人民监督员监督范围，邀请人民监督员参加未成年人案件办理、轻罪案件快速处理、信访接待、案件公开审查听证、案件回访等活动。

（4）主动适应以审判为中心的诉讼制度改革。充分发挥检察机关审前主导和过滤作用，严把事实、证据和法律适用关，从源头上确保案件质量，让人民群众在检察机关办理的每一起案件中都感受到公平正义。主动与侦查、审判等机关共同研究以审判为中心的诉讼制度改革对侦查、起诉、审判工作的新要求、新挑战，就规范二审案件延期审理、拟不开庭审理案件操作办法、补查补证、非羁押犯罪嫌疑人案件提起公诉和开庭审理等问题取得共识。

（5）扎实做好以完善司法责任制为核心的四项改革试点准备工作。积极协助自治区党委政法委完成广西司法体制改革试点工作方案，形成《广西检察机关司法体制改革试点工作实施建议方案》及 5 个配套子方案建议稿上报自治区党委政法委。研究提出南宁市人民检察院、南宁市江南区人民检察院、上林县人民检察院和百色市人民检察院、田东县人民检察院为检察机关改革试点单位。认真抓好最高人民检察院《关于完善人民检察院司法责任制的若干意见》的组织实施，修改完善相关配套措施，起草了实施办法和全区三级检察机关司法办案权力清单。顺利完成检察官职务序列套改工作。

4. 大力加强检务保障，夯实检察事业根基

（1）切实提升检务保障整体水平。全区检察经费投入 19.15 亿元，同比增长 24.35%。加强与自治区财政厅等部门的沟通协调，积极简政放权，提高工作效率，按中央和上级部署完成政法转移支付业务装备采购权下放到市、县两级检察院工作，推动解决长期存在的基层检察院装备采购速度慢等突出问题。

（2）强化检察信息化建设和应用。广西电子检务工程项目可行性研究报告、项目初步设计方案及投资概算报告先后获自治区政府相关部门审批通过，落实了项目建设前期启动资金，工作进度和投资额度处于全国检察机关前列。信息化基础设施建设显著增强。

全区检察机关基础网络平台、系统运行平台、安全保密平台、运维保障体系更加完善，专线网络体系全面建成并不断优化。建成完善的网络身份认证、电子印章和线路加密系统，提升信息系统安全保密水平。信息化应用能力进一步提高。建成检公互联、检法互联、检监互联项目（一期），新版 OA 办公系统软件正式启用，综合检务指挥中心和案件信息管理平台投入使用，全区检察机关办公自动化应用、办案流程化应用、远程视频应用、侦查信息化应用、政法互联应用取得新进展。

（二）主要特点

1. 服务经济发展新常态更加有为。全区检察机关认真学习领会习近平总书记关于经济发展新常态的重要论述，贯彻落实最高人民检察院关于进一步发挥查办和预防职务犯罪职能作用、积极有效服务经济发展新常态的 28 条意见，重点查办妨害国家重大经济发展战略实施、影响重大改革举措落实、危害政府投资和国有资产安全的职务犯罪，紧紧围绕重大投资项目和经济管理部门开展预防。自治区人民检察院联合南宁海关等 5 家口岸单位，出台《关于在"一带一路"战略实施中共同开展预防职务犯罪工作的意见》，服务"一带一路"战略实施。成功承办第九届中国—东盟成员国总检察长会议，深化与东盟成员国检察机关在刑事司法协助、检察官培训、信息交流等方面的合作。严厉打击跨国（境）犯罪。预防和惩治涉外贸易往来、产业合作等领域的犯罪。突出做好反对暴力恐怖和维护政治安全、金融安全、网络安全、公共安全等五大领域的风险预警、预控工作，切实保障和服务发展。

2. 维护国家安全和社会稳定措施更加有力。全区检察机关认真履行批捕、起诉职责，坚决打击煽动分裂国家、为境外刺探情报等危害国家安全犯罪。积极参与反渗透、反间谍、反窃密斗争，深入开展反邪教斗争，积极配合有关部门依法打击利用网络实施的渗透破坏活动，坚决打击网上勾结串联、传播政治谣言、煽动滋事等犯罪活动。加强与公安、国家安全、武警边防等部门协作配合，依法惩治借道广西出入境参加恐怖组织活动犯罪。积极参与社会治安防控体系建设。依法打击黑恶势力、危害公共安全和个人极端暴力、"黄赌毒"、传销等严重影响群众安全感的犯罪。积极投入打击电信网络新型违法犯罪专项行动。依法维护医疗秩序，惩治暴力伤医、"医闹"等涉医犯罪。结合办案积极化解社会矛盾。完善刑事和解、检调对接、释法说理、申诉案件公开审查等机制制度。对过失犯罪、轻微犯罪，综合评价犯罪情节，依法不批捕 335 人、不起诉 568 人。依法适用刑事和解方式办理案件 716 件。在办案中积极开展法制教育，促使犯罪嫌疑人认罪服法、悔过自新，引导当事人息诉罢访，达到教育、预防和警示效果。全区基层检察院设置了 228 个派驻乡镇检察室，在深化检察环节社会治安综合治理工作方面发挥了积极作用。对 974 名生活确有困难的刑事被害人或其近亲属提供司法救助，促进案结事了，依法终结。

3. 惩治和预防职务犯罪成绩更加显著。成功办理最高人民检察院交办的外省 3 名原省级干部职务犯罪案件，取得良好的政治效果、法律效果及社会效果。湖南省政协原副主席阳宝华，广东省委原常委、广州市委原书记万庆良，广东省政协原主席朱明国当庭表示认罪悔罪。依法组织查办自治区林业厅原厅长陈秋华、自治区交通厅原厅长黄华宽等 18 名厅级干部职务犯罪案件。严肃查办群众身边的腐败犯罪案件，立查惠民扶贫、社会保障等领域直接侵害群众利益职务犯罪案件 930 件 1125 人。深入开展专项行动，严查系统腐败，查处海关、边防、水利、林业、医疗卫生、国土资源等重点领域、重点行业系列案件。预防职务犯罪工作持续深化，出台《关于在全面推进广西法治建设中进一步发挥预防职务犯罪职能的意见》，深化源头预防、专项预防和社会预防。自治区人民检察院与自治区扶贫办共同研究提出贯彻落实最高人民检察院、国务院扶贫办《关于在扶贫开发领域预防职务犯罪中加强联系配合的意见》的具体意见，得到国务院扶贫办、自治区党委政府的充分肯定。自治区人民检察院呈报的惩治和预防职务犯罪年度报告和相关专题报告获自治区党委书记、自治区人大常委会主任彭清华、自治区政府主席陈武、自治区政协主席陈际瓦等自治区领导批示肯定。

4. 诉讼监督工作更有成效。积极顺应三大诉讼法修改实施和以审判为中心的诉讼制度改革提出的新要求，全面强化诉讼监督。健全冤假错案发现受理、审查办理、监督纠正等机制，重点监督纠正有案不立、有罪不究和刑讯逼供、暴力取证、滥用强制措施、侵犯人权、以案谋私等问题，坚决防止冤假错案发生。深入开展破坏环境资源犯罪和危害食品药品安全犯罪专项立案监督活动，有力维护生态文明和群众食品药品安全。积极探索在公安派出所设置派驻检察室。加强与刑罚执行机关信息共享平台建设，与自治区高级人民法院、公安厅、司法厅联合制定《社区矫正实施细则（试行）》。自治区人大常委会专门听取和审议自治区人民检察院关于全区检察机关刑罚执行监督工作情况的报告。积极探索刑事案件财产刑执行监督创新模式，相关工作获最高人民检察院肯定。加强对特赦工作的全程法律监督，对全区所有特赦犯罪的报请、审理及裁定工作实施全程同步监督。积极开展民事行政审判活动违法监督，加大民事行政执行监督力度，抗诉数、提出再审检察建议数、提出检察建议数以及检察建议获法院采纳数居全国前列，监督实效进一步增强，监督格局更加合理。

5. 民生检察工作更加到位。依法查处惠民扶贫项目安排和资金管理使用发放等环节职务犯罪嫌疑人 590 人。部署开展"保障和改善民生，促进惠民扶贫政策落实"专题预防活动，对财政专项扶贫、危房改造、农村低保等 32 个重点惠民扶贫领域开展精准预防，向有关单位提出健全制度、堵塞漏洞的预防建议 1008 件。全区检察机关选派 132 人到农村基层党组织担任第一书记，选派 635 名精准扶贫工作队员，驻村入户参与精准识别工作，积极保障脱贫攻坚工程实施。以督促履行职责、支持起诉等方式，依法办理涉及农民工讨薪、假种子索赔等案件 232 件，依法保障人民群众合法权益。

6. 司法办案更加规范。以"严"和"实"的作风深入推进规范司法行为专项整治工作。全区检察机关认真学习贯彻十八届四中全会关于保证公正司法、提高司法公信力的精神，按照中央政法委和最高人民检察院的部署要求，扎实推进司法规范化建设。自治区人民检察院领导班子成员带头查找和督促整改分管业务条线存在的司法办案不规范突出问题，督导分管部门抓好工作落实，逐级明确责任，扎实深入推进。自治区人民检察院共排查出 9 个方面共 147 个司法不规范问题，整理汇总了 29 个司法不规范典型案例，深入剖析原因、查找责任，坚持边查边析边改。制度规范更加健全，自治区人民检察院制定《职务犯罪侦查工作防范非法证据的若干规定（试行）》、《办理民事行政检察案件履行告知义务暂行办法》等多项制度，确保司法活动规范开展；出台《全区检察机关职务犯罪侦查部门检察人员违规办案责任追究办法（试行）》等，以强化司法责任倒逼规范司法；建设自治区人民检察院综合检务指挥中心，完善远程接访、检务信息公开平台，推进减刑、假释网上协同办案平台和派驻检察场所"两网一线"建设，以信息化助推司法规范化，充分发挥信息化在规范办案中的促进和保障作用。

7. 检察队伍建设成效更加凸显。自治区人民检察院党组向自治区党委常委会专题报告工作，认真贯彻自治区党委决策部署，加强改进党组自身建设。结合开展"三严三实"专题教育和落实检察队伍正规化、专业化、职业化要求，大力提高队伍思想政治素质和业务工作能力。34 个集体、32 名个人获最高人民检察院表彰。对基层检察院建设开展抽样评估，推动和促进基层检察院司法规范化、队伍专业化、管理科学化、保障现代化建设。坚持全面从严治检，认真落实领导干部和司法机关内部人员干预司法记录、通报和责任追究规定，规范检察人员与当事人、律师、特殊关系人、中介组织接触交往行为，坚决落实职务犯罪侦查工作"八项禁令"，以零容忍态度严肃查处违纪违法检察人员 14 名，对 8 名履职不力的检察机关领导干部进行党风廉政问责。

（三）主要问题

1. 司法办案工作方面

（1）部分办案人员司法理念不适应形势发展要求。有的检察人员服务大局意识不够强，不善于把检察工作置于党和国家工作大局中谋划和推进；有的司法为民宗旨意识不强，存在就案办案、机械执法等现象；有的程序观念不强，存在重实体轻程序、不严格依法取证等问题。

（2）部分检察业务发展不均衡。查办贪污贿赂犯罪案件数整体上升，但有 5 个市级检察院立案人数同比下降。15 个市级检察院中，立案监督案件数最多的 338 件，最少的仅 14 件。民事诉讼多元化监督格局基本形成，但尚未能实现均衡协调发展。

（3）司法行为不规范问题依然存在。个别刑事申诉案件未及时答复申诉人，一些案件的法律文书不规范、对律师执业权利的保障不及时到位等情况时有发生。

（4）监督工作尚存薄弱环节。民事行政诉讼监督工作中，对审判人员违法行为的监督多数为一般程序性瑕疵的监督，高质量的监督不多。立案复查不服检察机关处理决定和案件公开审查等业务降幅较大。修改后刑事诉讼法、民事诉讼法和行政诉讼法新增的一些法律监督职能履行还不够到位。

（5）部分检察人员业务能力有待提升。有的对证据审查与综合分析判断能力有待提升，有的释法说理水平不高，有的对信息技术的应用能力不强，有的创新工作思路、采取有效办法解决问题的能力不足。

2. 自身建设工作方面

（1）人少案多矛盾依然突出。人均业务工作量和办案数高于全国平均水平，检察人员长年加班加点超负荷工作情况比较普遍。发生多起检察人员因工作过度疲劳身患重疾或去世的情况。

（2）机构设置不健全与不规范现象并存。有的检察院内设机构设置数量过多、名称不规范、职责范围不清，导致人力资源配置不公、忙闲不均，工作出现推诿扯皮现象。

（3）高层次人才相对缺乏与人才流失并存。司法会计、法医、金融、证券、知识产权等专业技术人才相对缺乏，复合型人才和高层次人才缺乏。边远贫困地区检察院招人难、留人难。人才流失严重，共有 144 人调出检察机关，34 人辞职。

3. 检务保障方面

（1）部分检察院经费保障水平仍然较低。办案成本增大，办案经费需求明显增加。一些检察院公用经费保障仍存缺口。各地经费保障水平差距较大，有 8 个市级检察院保障水平仍然较低，如百色市人民检察院 2015 年经费保障比全区市级检察院平均水平低 2.21 万元/人·年。

（2）装备保障有待加强。广西电子检务工程项目资金缺口较大，市县两级检察院的项目经费普遍不足。该工程项目中市县两级检察院的预算投资规模占总投资的 50.23%，目前普遍没有落实。一些检察院的办公办案装备还相对落后，侦查信息化、装备现代化水平亟待提升。

（3）基础设施建设还不能完全适应检察工作发展的新要求。"两房"建设标准偏低，难以适应新形势下的办案工作需要。市县两级检察院"两房"建设未化解的欠债数目较大。一些派驻监狱检察室基础设施落后，建设资金没有得到较好落实。

二、2016 年广西检察工作展望

2016 年是实施"十三五"规划的开局之年，也是推进司法体制改革和检察改革的关键之年。广西检察工作迎来难得的发展机遇，同时也面临许多新情况、新问题，需要深入研判形势，积极主动作为，推动检察工作科学发展。

（一）2016 年广西检察工作形势研判

1. 在经济发展新常态下，服务保障经济社会发展任务依然繁重。广西面临经济发展新常态的趋势性变化，经济下行压力依然较大，利益格局深刻调整，要素供需矛盾突出，资源环境约束趋紧，推进经济社会绿色发展任务艰巨。与此同时，经济下行压力及风险不断向社会领域、司法领域传导，一些企业生产经营困难，一些地区公共服务发展滞后，社会保障体系仍不完善，劳资、医疗、环保等领域矛盾增多，如处理不当，易引发个人极端事件和群体性事件。全区检察机关如何在司法办案中运用法治思维和法治方式防范风险、维护稳定、服务发展面临重大挑战和考验。

2. 面对全面推进依法治国新要求，深入推进法治广西和平安广西建设任务依然艰巨。在全面推进依法治国的新形势下，中央政法委和最高人民检察院对规范司法、保障人权等方面作了重大部署，修改后三大诉讼法也作了严格规定。近年来从广西偷越国（边）境参加暴恐活动的犯罪案件频发，境内外暴恐势力勾结程度正在加深，反恐怖斗争尖锐性加剧、复杂性上升、长期性凸显。广西社会治安形势仍然复杂，网络诈骗等新型犯罪频发，社会治理难度增大。涉检信访总量虽然总体有所下降，但仍在高位运行，影响社会和谐稳定因素还不少，信访终而不结、重复访、过激访等仍然存在。全区检察机关所肩负的职责和任务更加繁重。

3. 反腐败斗争形势仍然严峻复杂，查办和预防职务犯罪的理念、能力和工作模式面临新挑战。党中央突出强调反腐败力度不减、节奏不变，要求持续保持遏制腐败的高压态势。同时明确提出，要把党内监督同法律监督、民主监督、审计监督、司法监督、舆论监督等协调起来，形成监督合力。这些部署和要求对检察机关加强与纪检监察等部门的衔接、协调和配合，共同推进反腐败斗争以及改进自身查办和预防职务犯罪工作提出了更高要求。《刑法修正案（九）》修改贪污贿赂犯罪的定罪量刑标准，加大对行贿犯罪的处罚力度，对侦查、批捕、公诉、预防等环节的工作理念、工作方式、工作能力提出新的要求。

4. 人民群众对司法公正的需求日益增大，诉讼监督工作面临更大压力。人民群众参与、监督司法的愿望更加迫切，对检察机关维护司法公正有更高期待。不敢监督、不善监督、监督不到位、监督不规范的问题依然存在；法律赋予的非法证据排除、羁押必要性审查、保障律师执业权利等职责履行还不到位；对公安派出所刑事侦查活动监督不够充分；对判决前未羁押罪犯判实刑后难以执行等问题监督不够；民事行政检察工作面临新的发展机遇的同时也面临新的发展难题。

5. 司法体制改革和检察改革给检察工作提出新要求。当前司法体制改革进入深水区和攻坚期，事关检察工作全局、涉及检察人员切身利益的分类管理等改革的推进，将为广西检察工作发展带来新的机遇。由于司法体制改革触及深层次利益，统筹各方关切难度大，思想政治工作任务艰巨；司法责任制改革对司法办案工作将产生深远影响，检察权运行机制及检察人员思想观念尚需调整和适应；人财物省级统管、分类管理及职业保障等改革配套制度亟待完善，沟通协调力度亟须加大；改革对司法规范化和检察人员履职能力提出了新的更高要求，加上一些检察人员对自身利益得失考虑过多，给改革顺利推进带来一定影响。

6. 新媒体迅速发展背景下，社会舆论监督对检察工作提出更高要求。自觉接受社会舆论监督是检察机关深化检务公开的重要举措，也是检验检察机关践行立检为公、司法为民理念和成效的重要载体。一方面，社会舆论监督为检察机关更好地汇集监督正能量，规范自身司法行为，宣传检察工作，拉近与人民群众距离，维护社会公平正义创造了有利条件；但另一方面，群众对司法公正的新期待和对查处腐败犯罪案件的高度关注，使涉检话题成为社会公众和媒体关注的焦点，检察机关的任何办案瑕疵都有可能被舆论放大，稍不留神就会处于负面舆情的风口浪尖，这对检察机关规范司法办案行为、提高处置舆情工作能力提出更高要求。

7. 检察机关自身严格规范公正文明司法水平有待提升。我区检察队伍总体是好的，但少数地方检察院法律监督水平和人员素质参差不齐，先入为主、有罪推定等观念还未完全消除；违法适用指定居所监视居住措施、违法查封扣押冻结涉案财物、限制律师依法履职等顽疾依然存在；办案安全事故仍有发生；司法办案存在不少廉政风险，违纪违法等问题仍有发生。随着我国法治建设的推进，以及办案终身负责制和以审判为中心的诉讼制度改革的推行，对检察机关严格规范公正文明司法水平提出了更高要求；党的十八届五中全会提出的创新、协调、绿色、开放、共享五大发展理念对改进检察工作的方式方法提出新要求，检察机关的办案质量和效率面临更大的压力和挑战，广西检察队伍战斗力需要进一步提升，从严治检力度需要进一步加强。

（二）2016 年广西检察工作思路及主要措施

2016 年，广西检察机关将深入贯彻党的十八大、十八届三中、四中、五中全会和习近平总书记系列重要讲话精神，认真落实中央政法工作会议、全国检察长会议和自治区党委十届六次全会、全区政法工作会议精神，紧紧围绕"五位一体"总体布局和"四个全面"战略布局，主动适应形势新变化和经济发展新常态，坚持以五大发展理念为引领，以司法办案为中心，强化法律监督、强化自身监督、强化队伍建设，全面深化司法体制改革和检察改革，忠实履行维护社会大局稳定、促进社会公平正义、保障人民安居乐业的职责使命，为"十三五"时期广西经济社会发展和实现"两个建成"奋斗目标提供有力司法保障。

1. 进一步为经济社会发展提供法治保障。着力围绕中央和自治区重大部署，深入理解和准确把握五大发展理念对检察工作提出的新要求，把防控风险、服务发展摆在更加突出位置。认真研究广西推进开放发展过程中遇到的法律问题和司法需求，依法打击危害"一带一路"战略实施、中国—东盟自由贸易区建设等犯罪活动。加强对打造北部湾经济圈升级版和西江经济带基础设施建设中重点环节的监督，积极服务"双核驱动"战略实施。依法打击破坏市场经济秩序犯罪，营造法治化营商环境。完善劳动保障监察行政执法与刑事司法衔接机制，坚决惩治拒不支付劳动报酬犯罪，依法打击恶意欠薪行为。平等保护各种所有制企业产权和合法权益，优化企业发展环境。更加重视依法保护知识产权，最大限度激发社会创造活力。认真贯彻绿色富国、绿色惠民的战略部署，强化生态环境司法保护。依法惩治和预防经济领域的犯罪，注重严格区分"六个界限"（即经济纠纷与经济犯罪的界限、个人犯罪与企业违规的界限、企业正当融资与非法集资的界限、经济活动中的不正之风与违法犯罪的界限、执行和利用国家政策谋发展中的偏差与钻改革空子实施犯罪的界限、合法经营收入与违法犯罪所得的界限），始终坚持"四个并重"（即坚持深入查办案件与规范自身司法行为并重，采取强制措施、侦查措施与维护合法权益并重，打击经济犯罪、查办职务犯罪与依法帮助企业挽回和减少经济损失并重，严格公正廉洁司法与理性平和文明规范司法并重)，努力做到"三个慎重"(即慎重使用拘留、逮捕、指定居所监视居住等人身强制措施，慎重查封扣押冻结涉案财物，慎重发布涉企案件新闻信息)，切实担当起保障经济发展安全的责任。

2. 进一步维护国家安全和社会大局稳定。充分认识当前维护国家安全和社会稳定形势的严峻性和复杂性，积极参与立体化社会治安防控体系建设，努力从源头上破解防范治理难题，全力维护国家安全和社会稳定，保障人民安居乐业。牢固树立总体国家安全观，坚决贯彻国家安全法，认真履行批捕、起诉职责，坚决打击敌对势力渗透颠覆破坏活动、暴力恐怖活动、极端宗教活动，切实维护国家政治安全和社会稳定。严厉打击危害食品药品安全、破坏医疗秩序和安全生产领域的犯罪，保障人民安居乐业。积极参与立体化社会治安防控体系建设，破解重点人群服务管理、重点领域矛盾化解等难题。健全依法维权和化解纠纷机制，完善检调对接制度，推进平安广西建设。全面加强未成年人检察工作，认真落实刑事诉讼法关于未成年人刑事案件诉讼程序的规定和检察机关加强未成年人司法保护八项措施，加强对未成年犯罪嫌疑人帮扶教育、心理疏导。认真落实检察官以案释法制度，加强法治宣传教育，推动法治教育进机关、进乡村、进社区、进学校、进企业，充分运用检察门户网站、"两微一端"、案件信息公开网，增强法治教育覆盖面和吸引力，推动全社会树立法治意识。

3. 进一步深化查办和预防职务犯罪工作。始终保持对腐败犯罪的高压态势，最大限度减少腐败存量，遏制腐败增量。突出办案重点，严格履行职责，坚决查办党的十八大后不收敛、不收手，问题严重、群众反映强烈的领导干部职务犯罪。围绕中央稳增长、调结构、惠民生、防风险等重大部署，坚决查办政府投资、国企管理、民生工程领域中的职务犯罪。围绕服务脱贫攻坚目标的实现，组织开展集中整治和加强预防扶贫开发领域职务犯罪专项工作，重点查办和预防虚报冒领、截留私分、挥霍浪费扶贫资金的职务犯罪，确保扶贫资金惠及贫困群众。严肃查处基层贪腐和群众身边的腐败案件，坚决依法惩治换届选举中拉票贿选、权钱交易等犯罪。加大查办群众反映强烈的为官不为、为官乱为问题背后的渎职侵权犯罪力度。立足提升查办职务犯罪能力和水平，认真研究《刑法修正案（九）》实施后贪污、受贿犯罪起刑点和量刑标准变化带来的影响，深入分析职务犯罪案件起诉、判决中存在的问题，有针对性地改进职务犯罪举报、侦查、起诉、审判监督、刑罚执行监督等工作。以推进广西电子检务工程建设为契机，依托统一业务应用系统，重视运用三级检察院的远程侦查指挥、远程提讯系统，加快推进职务犯罪侦查与预防信息平台建设，实现大数据在侦查办案中的深度应用。进一步更新侦查理念、转变侦查方式、完善侦查工作机制，努力提升查办职务犯罪能力和水平。深化职务犯罪预防工作，从源头上遏制和减少职务犯罪。加强侦防一体化机制建设，推动预防工作向办案过程前移。围绕不敢腐、不能腐、不想腐的目标，建立健全职务犯罪预测预警机制，改进预防方式方法，促进完善防控廉政风险等制度。拓展行贿犯罪档案查询应用范围，积极发挥在社会信用体系建设方面的作用。探索建立人大代表、政协委员参与预防工作制度，让人大代表、政协委员更加直观地了解和监督检察机关预防工作。

4. 进一步强化对诉讼活动的法律监督。坚守防范冤假错案底线，深入实施修改后三大诉讼法，认真总结近年来诉讼监督工作情况，进一步加强对刑事诉讼、民事诉讼和行政诉讼活动的法律监督，坚决纠正执法司法不作为、乱作为问题，更好地维护司法公正。以全国、自治区人大常委会听取和审议最高人民检察院和自治区人民检察院关于加强侦查监督、维护司法公正情况的专项报告为契机，进一步强化侦查监督工作。适应以审判为中心的诉讼制度改革，严格依法收集、固定、审查和运用证据，加强对"命案"和主要靠言词证据定罪案件的审查，防止事实不清、证据不足或者违反法律程序的案件"带病"进入起诉、审判程序。从理念、制度层面深入思考、总结检察环节自身存在的突出问题，特别是从规范司法行为专项整治中发现的问题，进一步完善冤假错案发现报告、审查指导、督促纠正、依法赔偿机制。认真落实全国、自治区人大常委会审议刑事执行检察工作报告的意见，全面加强对刑罚执行、刑事强制措施执行和强制医疗执行及有关监管活动的监督。按照最高人民检察院的统一部署，积极探索开展对财产刑执行的监督试点工作。深入贯彻落实修改后民事诉讼法和民事诉讼监督规则，统筹推进民事生效裁判监督、审判程序监督和执行活动监督工作。以修改后行政诉讼法和《人民检察院行政诉讼监督规则（试行）》为依据，准确把握行政诉讼监督在监督范围、监督方式和案件来源等方面的变化，进一步加大对行政案件受理、审理、裁判、执行的监督，特别是对行政案件立案环节和非诉行政案件执行环节的监督。

5. 积极稳妥推进司法体制改革和检察改革。按照中央、最高人民检察院和自治区党委部署，在继续深入推进已经实施的涉法涉诉信访机制、检务公开制度和人民监督员制度等重大改革基础上，加快推进以完善司法责任制为核心的四项司法体制改革试点工作，并在全区检察机关全面推进司法责任制、检察人员分类管理、检察人员职业保障和以基层为重点的内设机构改革等工作。同时，按照中央政法委和最高人民检察院的部署，深入研究在检察环节建立完善认罪认罚从宽处理制度、建立健全繁简分流制度机制、完善检察机关行使监督权的法律制度等改革任务，结合实际加强调研论证工作。加强对下级检察院试点工作的调研和分类指导，进一步完善配套措施，把思想政治工作贯穿改革始终，强化正面宣传引导，凝聚改革正能量，确保司法体制改革试点工作顺利推进。

6. 进一步强化过硬检察队伍建设和基层基础建设。坚持以思想政治建设为根本，以正规化、专业化、职业化为方向，以业务能力建设为核心，以领导班子建设为关键，全面加强检察队伍和基层检察院建设。深化和巩固规范司法行为专项整治成果，在严格纠正司法不规范问题的同时，加强规范司法行为长效机制建设，真正使检察人员养成规范司法行为的良好职业习惯。坚持从严治检不放松，推进检察机关自身党风廉政建设和反腐败工作，对检察人员违法违纪零容忍，努力建设一支忠诚可靠、司法为民、务实进取、公正廉洁的检察队伍。深入推进电子检务工程，以信息化提升检察工作现代化水平。深入落实《2014—2018年基层人民检察院建设规划》，推动实现资源力量整合在基层、工作合力形成在基层、服务管理水平提高在基层。

业　务　篇

2015年，广西检察机关全面履行法律监督职责，各项检察业务工作取得新成效。

一、侦查监督工作

（一）基本情况

1. 审查逮捕案件情况。全区检察机关侦查监督部门认真履行审查逮捕职能，共受理审查逮捕案件 34176 件 47703 人，审结 34086 件 47627 人，批准或决定逮捕 28170 件 37395 人，批捕率为 78.5%（以人计）。

2. 侦查监督情况。全年共受理公安机关应当立案而不立案的案件线索 1022 件，同比下降 12.3%。监督公安机关立案 929 件 1247 人，监督立案件数及人数同比分别下降 16.76% 和 20.17%。立案监督案件批捕 513 人，起诉 830 人，判决 781 人。共受理公安机关不应当立案而立案的案件线索 884 件，同比下降 2.9%。审查后向公安机关发出《要求说明立案理由通知书》884 件，其中公安机关主动撤案 846 件，纠正率为 95.7%。共追加逮捕犯罪嫌疑人 1314 人，同比下降 33.4%。针对公安机关侦查活动中的违法行为发出《纠正违法通知书》822 份，同比上升 7.9%；收到公安机关回复 769 份，回复率 93.55%。全区检察机关侦查监督部门共排除非法证据 17 份，排除非法证据后不批准逮捕犯罪嫌疑人 22 人。

（二）主要特点

1. 受理审查逮捕案件数上升。受理审查逮捕案件数和人数同比分别上升 4.1%、1.5%。其中，上升幅度最大的前三位是：桂

林市检察机关（11.8%）、来宾市检察机关（10.8%）、南宁铁路
运输检察机关（6.3%）。

2. 涉案罪名相对集中。全年受理案件涉及的罪名中，排前十
位的是：盗窃罪 9665 件 12271 人，走私、贩卖、运输、制造毒品
罪 4682 件 5541 人，故意伤害罪 2940 件 3866 人，容留他人吸毒罪
1385 件 1708 人，诈骗罪 1290 件 1962 人，抢劫罪 1274 件 2156 人，
交通肇事罪 1235 件 1237 人，非法持有、私藏枪支、弹药罪 1020
件 1105 人，强奸罪 855 件 948 人，寻衅滋事罪 653 件 1371 人。以
上合计占全年受理案件总数的 73.15%。

3. 不捕率有所上升。经审查，共不批准逮捕 10232 人，同比
上升 33.2%；不捕率为 21.5%，同比上升 5%。其中，受理报请决
定逮捕的职务犯罪案件中，不予逮捕 69 人，同比上升 27.8%；不
捕率为 8%，同比上升 1.6%。

4. 因不具备"社会危险性"而不批准逮捕的占比较大。因不
具有"社会危险性"而不批准逮捕的犯罪嫌疑人共 2757 人，占不
捕总人数的 27.13%，占相对不捕总数的 47.48%。

5. 纠正违法工作平稳发展。书面纠正违法平稳健康发展，全
年针对公安机关侦查活动违法行为制发《纠正违法通知书》和
《纠正非法取证意见书》1033 份，共收到公安机关回复 961 份，回
复率 93.03%。监督触角拓展到侦查活动全过程，监督范围覆盖到
刑事拘留、取保候审不当，违法决定指定居所监视居住，刑讯犯罪
嫌疑人，伪造证言，伪造书证、物证，扣押、调取、发还程序违
法，捕后违法变更强制措施，不及时执行追捕，等等。

（三）主要做法

1. 严厉打击严重刑事犯罪，全力维护国家政治安全和边境和
谐稳定。继续深入开展打黑除恶、反邪教等专项斗争，依法严惩危
害公共安全犯罪和个人极端暴力犯罪，坚决遏制刑事犯罪高发势
头。积极参与治安重点地区和突出治安问题专项整治，突出打击黑
恶势力犯罪、严重暴力犯罪、涉枪涉爆、多发性侵财犯罪、毒品犯
罪，依法严惩以报复社会为目的的危害公共安全和严重危害社会治

安的犯罪，切实增强人民群众的安全感。

2. 加强与侦查机关（部门）经常性联系和沟通，提前介入引导侦查取证，促进提高提请逮捕案件质量。认真贯彻落实最高人民检察院《关于建立重大敏感案件快速反应机制的意见（试行）》，及时应对、依法妥善处理侦查监督环节的重大敏感案件，维护司法权威。继续加强与侦查机关（部门）的协作、配合，加大引导侦查和捕后案件的跟踪监督力度，形成打击犯罪合力。通过适时介入侦查，及时掌握案件进展情况，引导侦查机关（部门）收集和固定证据，促进侦查机关（部门）提高提请逮捕案件质量。检察机关侦查监督部门提前介入、依法妥善办理了南宁"6·16"伤医案和柳城"9·30"爆炸案。

3. 以"规范化、精细化"建设为统领，切实提高审查逮捕案件质量和效果。全区检察机关侦查监督部门始终将案件质量作为侦查监督工作的重中之重的任务抓紧抓好，以"规范化、精细化"建设为统领，按照"以审判为中心"、"以证据为核心"要求，坚持实行审查逮捕案件复查和通报制度，对捕后不诉、撤案、判无罪案件的个案分析评查制度，坚持案件质量及监督相关指标的动态监控和预警工作机制，采取多种方式加强对办案质量的监控和指导。

4. 坚持监督数量与质量、效果相统一，努力促进立案监督和侦查活动监督工作平稳健康发展。一是采取多种措施，深挖案件线索。各地立足工作实际，采取切实有效措施，常抓不懈，不断拓宽立案监督案源渠道。二是以开展专项立案监督活动为抓手，努力加强立案监督工作。稳步推进对破坏环境资源犯罪和危害食品药品安全犯罪专项立案监督活动，扎实有效开展各阶段工作。三是积极推进对公安派出所刑事侦查活动监督改革试点工作。落实最高人民检察院部署要求，确定南宁、防城港、钦州3个市级检察院及所属全部23个基层检察院进行试点，其他11个地级市每个市选择一个基层检察院进行改革试点，在公安派出所设置检察室，并取得初步成效。

5. 积极参与社会治安综合治理。侦查监督部门承担着社会治安综合治理、整顿和规范市场经济秩序、"扫黄打非"、知识产权保护、打假、禁毒等30余项政府中心工作的联络员工作。全区检察机关侦查监督部门克服人少案多、任务繁重等困难，认真扎实完成好每一项工作，确保了检察职能作用的充分发挥。

6.进一步加强侦查监督队伍建设。扎实开展"三严三实"专题教育和规范司法行为专项整治工作，以规范带动能力提升，以"严"、"实"促进作风转变，不断强化队伍建设。进一步强化学习培训，增强培训实效。通过与高校、外省检察官学院合作，举办了"全区侦查监督人才库成员审查逮捕实务培训班"和"危害国家安全和公共安全犯罪审查逮捕业务培训班"，全区检察机关侦查监督部门负责人及业务骨干共计100多人参加培训，有效提升素质能力。

二、公诉工作

（一）基本情况

1.一审受理和审查起诉情况。全区检察机关公诉部门共受理案件35621件48915人，审结33081件46171人，审结率89.18%（以人计）。审结率居全国第5位。经审查，依法向人民法院提起公诉31998件43407人，起诉率94.67%（以件计）。共决定不起诉2709人，同比下降2.73%。其中，绝对不诉139人，占不起诉人数的5.13%；相对不诉1830人，占67.55%；存疑不诉740人，占27.3%。

2.出庭公诉和判决情况。全区检察机关共派员出席简易程序案件庭审20138件，同比上升1.50%。提起公诉的案件一审生效判决25864件33706人，人数同比下降9.88%。

3.二审上诉案件审查情况。自治区人民检察院、市级检察院共受理上诉案件120件235人，件数同比下降19.46%，人数下降19.24%。自治区人民检察院共派员出席二审庭审286人，同比上升5.15%；市级检察院派员出庭4183人，同比下降4.02%。

4.办理特别程序案件情况。依法办理刑事和解案件568件。

刑事和解案件涉及罪名主要为：交通肇事罪、故意伤害罪，合计共占 63.03%。共受理公安机关提请强制医疗案件 34 件，审查后向法院提出强制医疗申请 34 件。

5. 公诉环节侦查监督情况。共追加起诉被告人 2168 人。全区检察机关公诉部门审查起诉中一次退回补充侦查案件 10486 件，二次退回补充侦查案件 3823 件，检察机关自行补充侦查 4 件。全区检察机关公诉部门共向侦查机关（部门）发出纠正违法通知书 1033 份，纠正案件 961 件。

6. 审判监督情况。全区检察机关提出刑事抗诉案件 137 件，其中审判监督程序抗诉 17 件，居全国第 8 位；抗诉率 4.9‰，同比下降 0.94 个千分点。人民法院共审结抗诉案件 124 件，采纳抗诉意见 88 件，采纳抗诉意见率 70.97%；其中改判 58 件，发回重审 30 件。全区检察机关共向人民法院发出纠正审理违法意见书 54 份，纠正案件 51 件。

（二）主要特点

1. 受理案件数有所下降。受理案件数和人数同比分别下降 3.62%、7.73%。案件涉及的主要罪名有：盗窃罪，走私、贩卖、运输、制造毒品罪，故意伤害罪，交通肇事罪，容留他人吸毒罪，抢劫罪。以上案件合计占全年受理案件总数的 62.76%。

2. 有效遏制借道广西出入境参加暴恐活动案件多发势头。积极投入严打暴恐活动专项行动，与公安、国家安全、人民法院等机关建立协作机制，充分履行起诉职能，合力打击暴恐活动。

3. 参与社会治安防控体系建设积极有为。依法打击黑恶势力、利用邪教组织破坏法律实施等严重危害群众安全感的犯罪，共审查起诉涉黑案件 6 件 65 人，审查起诉"全能神"及"法轮功"邪教组织犯罪案件 17 件 22 人。积极参与危爆物品管理大整治暨打击涉枪涉爆违法犯罪专项行动，起诉 1004 人。

4. 办理职务犯罪案件的专业化、法治化水平进一步提升。全区检察机关共审查起诉厅级干部职务犯罪案件 17 件 17 人。顺利完成阳宝华受贿案、万庆良受贿案审查起诉、出庭工作，以及朱明国受贿案的审查起诉工作。

（三）主要做法

1. 依法认真履行审查起诉职责，全面有力确保办案质量。为贯彻落实以审判为中心诉讼制度改革和证据裁判原则的要求，全区检察机关公诉部门在重大疑难复杂案件增多、工作难度加大的情况下，积极采取有效措施，转变司法理念，提高办案效率，狠抓办案质量，较好地完成了全年办案任务。

2. 深化公诉工作机制改革。年初召开全区检察机关公诉工作会议，对各项工作任务进行部署安排，对公诉工作机制改革列明计划。进一步完善涉疆案件办理工作机制，与广西民族大学签订合作培养、使用维吾尔语人才框架协议，通过该项机制为 45 件案件107 人提供翻译；与自治区公安厅、边防总队成立涉疆案件工作小组，编印《广西壮族自治区人民检察院、广西壮族自治区公安边防总队联席会议文件汇编》，协助自治区公安厅制定《广西办理新疆维族人员"伊吉拉特"案件的若干指导意见》。在全区检察机关公诉部门全面推行简易程序案件表格菜单式审查报告制度。自治区人民检察院公诉部门与技术部门、法警总队联合出台《刑事二审案件远程视频讯问工作规程（试行）》，推动运用远程询问、讯问、出庭工作的开展。联合自治区高级人民法院对职务犯罪指定管辖工作机制进行了补充修改完善，会同自治区高级人民法院、公安厅、司法厅等部门推进建立轻微刑事案件快速办理工作机制，与自治区高级人民法院建立了二审上诉案件繁简分流机制，与自治区高级人民法院、公安厅等共同推进技侦材料证据转化工作，进一步规范技侦措施的使用、审批、调查核实等司法办案行为。

3. 按"严"和"实"的要求，深入推进公诉环节司法规范化建设。开展公诉案件质量评查活动，坚持以问题为导向，认真查找办案中存在的程序、监督、公正司法等方面的突出问题，分析原因，总结经验，吸取教训，落实整改。为巩固规范司法行为专项整治成果，专门制定出台了《广西检察机关公诉部门不规范司法行为追究办法（试行）》。

4. 加强刑事抗诉工作，增强诉讼监督成效。认真执行《广西壮族自治区人民检察院对人民法院刑事裁判审查工作的若干规定》和《广西检察机关公诉部门刑事指令抗诉、建议抗诉工作意见（试行）》等规定，严格刑事判决裁定审查工作。通过专题调研，深入分析全区抗诉工作存在的问题，制定对策措施，对抗诉案件数量偏少的市县检察院进行重点指导。注重抗诉工作经验的总结与推广，编发成功抗诉的经验材料供全区检察机关公诉部门学习借鉴，有效增强了抗诉工作的针对性和实效性。

5. 强化争先创优意识，建设未检工作新高地。全面贯彻执行最高人民检察院《检察机关加强未成年人司法保护八项措施》，积极创新工作方式，有效构建预防和打击未成年人违法犯罪工作体系。一是联合自治区妇联开展创建"妇女儿童维权岗"工作。联合自治区妇联等单位，在全区检察系统评出 21 个"妇女儿童维权岗"，予以表彰奖励。汇编下发了全区检察机关维护妇女儿童权益典型案例。结合司法办案切实维护妇女儿童合法权益。二是与共青团广西区委联合开展"青少年维权岗"创建活动，与自治区文明办、自治区教育厅等部门联合开展"关爱未来 法治护航"系列法治宣传活动，积极预防和减少青少年犯罪，优化未成年人成长环境。目前全区检察机关有 10 个单位获评全国"青少年维权岗"称号。三是针对留守儿童开展多种形式的防范犯罪侵害、加强自我维权保护的教育，预防未成年人遭受不法侵害，减少未成年人违法犯罪。在百色市乐业县同乐镇丰洞村自治区示范性"儿童家园"举办关爱留守儿童和送法进校园活动；在贵港市平南县镇隆镇稻花村小学建立"儿童之家"；玉林市人民检察院与相关单位共建 6 个预防性侵未成年人法制教育基地、7 个留守儿童关爱基地。四是积极打造未检工作品牌。组织开展了"未检妈妈"、"未检哥哥"、"未检姐姐"等关爱活动。积极参与广西首届"最美青年卫士"、"优秀青年卫士"评选活动，全区检察机关共有苏慧等 12 名检察官入选。

6. 持续开展多形式公诉业务岗位练兵活动，推进公诉队伍正规化、专业化、职业化建设。一是补充人员，加强培训，多渠道强化骨干队伍力量，优化队伍结构，充实公诉队伍力量。二是积极营造比学赶超氛围，促进公诉业务水平和公诉案件质量双提高。举办了共有 145 名公诉人参加的全区检察机关公诉部门起诉书制作业务竞赛活动，进一步提高公诉人法律文书制作水平和规范意识。举办全区未检业务竞赛，通过公开竞赛的方式提高未检部门检察人员专业能力和水平。广西推送的两位选手荣获"首届全国检察机关未检业务竞赛能手"称号。与自治区司法厅、自治区律师协会成功举办了全区检察官与律师论辩赛。三是强化业务培训。组织全区检察机关公诉人员和未检人员赴外省及国家检察官学院浙江分院进行业务培训，将全区 15 个市级检察院分为 8 个培训点，派出授课小组巡回对公诉部门负责人及内勤进行基础性工作规范培训。四是大力推动调研分析活动。全年先后对公诉部门防止冤假错案、非正常闹庭现象、渎职侵权积案情况以及全区公诉案件质量等热点、难点问题开展针对性的调研活动；与自治区公安厅组成联合调研组开展不起诉命案工作调研；继续编发《刑事案件问题通报》。

三、反贪污贿赂工作

（一）基本情况

全区检察机关反贪污贿赂部门共受理贪污贿赂犯罪线索 2940 件 3488 人，件数同比上升 89.43%，人数同比上升 44.38%。初查 1636 件，立案侦查 1240 件 1489 人，件数同比上升 9.83%，人数同比上升 2.62%。总案值 12.78 亿余元。在最高人民检察院反贪污贿赂总局通报的 7 项核心业务数据中，广西均位居全国前列，其中 5 项居全国前 5 名。

1. 立案来源情况。立案 1240 件中，群众举报的 182 件，占 14.68%；犯罪嫌疑人自首的 28 件，占 2.26%；自行发现的 529 件，占 42.66%；其他司法机关和行政机关移送的 14 件，占 1.13%；纪委移送的 212 件，占 17.10%；单位举报成案 15 件，占 1.2%。

2. 罪名情况。立案 1489 人中，涉嫌贪污 365 人，占 24.51%；涉嫌受贿 634 人，占 42.58%；涉嫌利用影响力受贿 5 人，占 0.34%；涉嫌行贿 388 人，占 26.06%；涉嫌挪用公款 60 人，占 4.03%；涉嫌单位行贿 10 人，占 0.67%；涉嫌单位受贿 13 人，占 0.87%；涉嫌对单位行贿 2 人，占 0.13%；涉嫌介绍贿赂 5 人，占 0.34%；涉嫌私分国有资产 7 人，占 0.47%。

3. 大要案情况。立案 1240 件 1489 人中，大案 1116 件，占立案件数的 90%，同比上升 19.98%；要案 156 人（其中，省部级干部 1 人，厅局级干部 13 人，处级干部 142 人），占立案人数的 10.48%，同比上升 102.56%。

4. 涉案对象情况。从身份看，立案 1489 人中，国家机关工作人员 444 人，占 29.82%，同比上升 2.30%；国有公司企业工作人员 179 人，占 12.02%，同比下降 4.68%；国有事业单位工作人员 184 人，占 12.36%，同比下降 6.98%；其他依法从事公务的人员 263 人，占 17.66%；其他 419 人，占 28.14%。从年龄看，25 周岁以下 19 人，占 1.28%；26 周岁至 35 周岁 232 人，占 15.58%；36 周岁至 45 周岁 620 人，占 41.64%；46 周岁至 55 周岁 512 人，占 34.4%；56 周岁以上 106 人，占 7.12%。此外，立案 1489 人中，具有人大代表身份的有 71 人，占 4.77%。

5. 追逃追赃情况。抓获在逃贪污贿赂犯罪嫌疑人 36 人，其中敦促 6 人投案自首，协助云南、海南等省检察机关追捕抓获在逃犯罪嫌疑人 2 人。通过办案挽回经济损失折合人民币 4.3 亿余元。

6. 案件处理情况。共侦结 1379 人，属于 2015 年立案的有 1108 人，其中 1 个月内侦结的 132 人，占 9.57%；1 个月至 2 个半月内侦结的 443 人，占 32.12%；2 个半月至 5 个半月内侦结的 488 人，占 35.39%；5 个半月至 8 个半月内侦结 176 人，占 12.76%；8 个半月至 12 个月内侦结 74 人，占 5.37%；超过 12 个月侦结 66 人，占 4.79%。起诉贪污贿赂案件 903 件 1157 人，同比件数上升 9.45%，人数上升 4.05%。人民法院共作出生效判决 636 人，其中判处 10 年以上有期徒刑 80 人，3 年以上 10 年以下有期徒刑 134

人，3年有期徒刑69人，不满3年有期徒刑251人，拘役5人，罚金2人，免予刑事处罚92人。

（二）主要特点

1. 办案规模创历史新高。立案件数、人数同比分别上升9.83%和2.62%，均为历史新高，办案人员人均立案数居全国第4位，较好地保持了惩治腐败力度。从案件处理情况看，侦结人数、起诉人数、有罪判决人数等反映办案质量的指标继续保持较高水平，办案质量总体较好。

2. 立查大要案数创历史新高。共立案侦查大案1116件，占立案总数的90%，件数同比上升19.98%，占比上升7.1%，高于全国平均水平，办案人员人均立大案数居全国第2位。立案侦查案值100万元以上案件184件203人，件数同比上升68.81%，其中涉案数额超过1000万元的案件13件13人，较2014年（3件5人）大幅度增加。共立案侦查县处级以上干部要案156人，占立案总人数的10.48%，要案率同比上升102.56%，高于全国平均水平，办案人员人均立要案数居全国第5位。其中厅局级以上干部14人，同比上升100%。

3. 罪名结构进一步发生变化。贿赂犯罪比重上升，贪污犯罪比重继续下降。共立案侦查贿赂犯罪案件945件1057人，占立案人数的70.9%，同比上升13.4%。其中，受贿、单位受贿、利用影响力受贿等受贿犯罪652人，占立案人数的43.72%，同比上升1.72%；行贿、单位行贿、对单位行贿、介绍贿赂等行贿犯罪合计405人，占立案人数的27.20%，同比上升35%。贪污犯罪365人，占总数24.5%，同比下降17.6%。

4. 自行发现线索成为目前案源的主要方式。查办的1240件案件中，举报的占14.68%；自行调查和发现的占42.66%，同比上升31.57%。

5. 查办发生在群众身边、损害群众利益案件比例较高。查办发生在群众身边、损害群众利益贪污贿赂犯罪案件664件826人，件数同比上升6.92%，人数下降1.31%。

6. 办案效率明显提高。当年侦结数占立案总数的 74.41%。其中，在 2 个半月内侦结的占 38.61%；在 5 个半月内侦结的占 71.39%，同比上升 13.0%。办案周期进一步缩短，办案效率明显提高。

（三）主要做法

1. 坚持抓早抓实，进一步强化组织领导。全区检察机关将反贪污贿赂工作放在更加突出的位置，坚持早谋划、早部署、早行动，一以贯之地真抓、实抓。自治区人民检察院反贪污贿赂局在 2014 年第四季度即要求各地对 2015 年办案工作及早谋划部署，做好线索储备和初查工作，做到抓早抓实，并在年初印发了《2015 年全区检察机关反贪污贿赂工作计划要点》，明确全年工作思路、重点、要求及措施。1 月份，全区检察机关共立案 263 件 322 人，同比上升 12.6%（人），实现良好办案开局，为全年工作打下坚实基础。自治区人民检察院党组书记、检察长崔智友对反贪污贿赂工作极为重视，多次作出批示，协调解决遇到的困难和问题，经常深入办案一线看望慰问办案人员，指挥、指导大要案查办工作。全区市级检察院和基层检察院认真落实自治区人民检察院的部署要求，强化措施，狠抓落实，推动反贪污贿赂工作不断取得新进展。

2. 坚持突出办案重点，进一步优化办案结构。全区检察机关反贪污贿赂部门按照自治区人民检察院要求，立足实际研究采取有力措施，切实把查办大要案及贿赂案作为重点工作抓紧抓好，着力调整办案结构，取得了显著成效。梧州、北海、防城港、百色、河池等市检察机关积极承担自治区人民检察院交办案件，加强对辖区要案线索的排查，查办要案数同比上升超过 300%。南宁、柳州、桂林、梧州、防城港等市检察机关根据自治区人民检察院指定管辖，立案查办了一批厅局级以上干部要案。贺州市检察机关着力调整办案结构，加大查办贿赂案件力度，立案数同比上升 133.3%。

3. 坚持侦查一体化机制，进一步提高整体办案能力。自治区人民检察院反贪污贿赂局灵活运用提办、领办、交办、指定异地管辖、督办等措施，组织、督促、指导各地查办了一大批有影响的大要案、系列案。组织指挥南宁、北海、钦州、防城港、贵港、河池、宁铁两级检察院查办海关、边防等系统系列案件 42 件 42 人，其中处级（团级）以上干部 13 人；组织指挥贵港、崇左等地两级检察院查办林业系统窝案串案 40 件 40 人，其中处级以上干部 9 人。柳州市检察机关反贪污贿赂部门密切配合，相互协作，信息共享，成功查办新华书店及教育系统窝案串案 13 人。桂林市人民检察院统一线索管理、统一资源调配、统一工作部署，组织指挥所辖基层检察院集中查办政府采购领域窝案串案 15 件 15 人，引发强烈社会反响。

4. 坚持以专项整治为抓手，进一步规范司法行为。自治区人民检察院反贪污贿赂局制定《全区检察机关反贪污贿赂部门规范司法行为专项整治工作方案》，在最高人民检察院所列 8 个重点整治内容的基础上，细化司法理念、线索管理和初查等 10 个方面 43 类（个）问题，对每个阶段的具体任务、时间节点等进行明确规定，督促、引导全区检察机关反贪污贿赂部门结合办案认真抓好规范司法行为专项整治工作。先后于 3 月和 11 月，组织开展了专项检查，通过调阅案卷、检查办案工作区、查看同步录音录像资料等方式查找办案不规范问题，逐一填写《反贪污贿赂案件个案评查表》，及时将检查发现的不规范问题通报全区检察机关反贪污贿赂部门，主动向自身司法不规范行为亮剑。同时，对照存在的问题，坚持立行立改，先后就指定居所监视居住、案件告知、加强与纪检监察机关协作配合等 6 个方面工作出台相关措施，完善规范司法行为长效机制。全区市级检察院和基层检察院反贪污贿赂部门按照规范司法行为专项整治工作要求，深入开展不规范问题查找和整改工作。南宁市人民检察院组织开展了两次司法规范化检查，以此促进规范办案。梧州市人民检察院制定了《梧州市人民检察院查办职务犯罪告知制度》，取得了良好的社会效果。全区检察机关反贪污贿赂部门以规范司法行为专项整治工作为抓手促进办案工作的做法，获最高人民检察院反贪污贿赂总局充分肯定，相关经验在最高人民检察院《反贪污贿赂工作情况》上推广。

四、反渎职侵权工作

(一) 基本情况

全区检察机关反渎职侵权部门共受理渎职侵权犯罪线索 728 件，同比上升 72.1%。初查 394 件，立查 299 件 348 人。

1. 受理线索情况。滥用职权类 315 件 379 人，玩忽职守类 196 件 243 人，徇私舞弊类 135 件 158 人，侵权类 17 件 17 人，泄密类 5 件 7 人，利用职权实施其他重大犯罪 15 件 24 人，其他案件 45 件 51 人。

2. 大要案情况。立查重特大案件 152 件 194 人，占立案件数的 50.83%。其中，立查重大案件 46 件 62 人，特大案件 106 件 132 人，要案 21 人（其中厅级 4 人，处级 17 人）。

3. 涉案对象情况。从身份看，行政执法管理部门 147 人，司法机关人员 43 人，其他人员 158 人。从职级看，犯罪嫌疑人为厅级干部的 4 人，处级干部的 17 人，科级干部 135 人。从年龄看，35 岁以下 63 人，36 岁至 45 岁 138 人，46 岁至 55 岁 131 人，56 岁以上 16 人，分别占 18.1%、39.65%、37.64%、4.59%。

(二) 主要特点

1. 罪名集中。立查的案件涉嫌罪名主要为：滥用职权罪 127 件 146 人，件数占 42.47%；玩忽职守罪 115 件 132 人，件数占 38.46%。

2. 查办发生在群众身边、损害群众利益案件比例较高。立查发生在群众身边、损害群众利益职务犯罪专项工作案件 268 件 301 人，占立案件数的 89.63%，涉及征地拆迁、教育、三农、执法司法等多个领域，其中行政管理、行政执法人员合计占 42.24%。

3. 立查大要案数显著上升。立案侦查重大案件 46 件、特大案件 106 件，合计占 50.83%；立案侦查县处级以上干部 21 人，上升 250%；其中厅级干部 4 人，上升 33.3%。

4. 专项工作支撑办案规模的作用日益彰显。持续开展查办发生在群众身边、损害群众利益渎职侵权犯罪专项工作，部署开展查办惠农扶贫领域渎职侵权犯罪专项工作，共查办专项案件 266 件 299 人，分别占立案数的 89% 和 85.9%。

5. 积极介入事故所涉职务犯罪案件调查。全区检察机关反渎职侵权部门先后派员介入事故调查 40 余起，立案侦查事故所涉渎职等职务犯罪案件 16 件 20 人。

（三）主要做法

1. 理清思路，加强督导，推进工作科学发展。全面贯彻自治区人民检察院党组的决策部署，形成了以司法办案为中心，以规范司法行为为主线，以过硬队伍建设为根本的工作思路。坚持把强化目标落实贯彻始终，着力保持阶段工作有机衔接。把强化对下督导贯彻始终，着力保证办案势头不落。自治区人民检察院反渎职侵权局建立健全局领导统筹协调、内设部门分片指导、综合指导处督查推进的督导办法，强化督导成立。各市级检察院反渎职侵权部门重点加强对基层检察院案件线索的调研督查工作，通过定期督查、强化要求，对基层检察院的案件线索及时掌握，有效统筹整合，提高线索资源利用价值。

2. 突出重点，上下联动，坚决查办大案要案。一是上级检察院反渎职侵权部门带头摸排线索。自治区人民检察院反渎职侵权局深挖摸排 70 余件犯罪线索移交下级检察院查办。南宁市人民检察院反渎职侵权局加强与业务部门的联系，多渠道拓宽案源，向下级检察院交办案件线索 30 件；玉林市人民检察院反渎职侵权局交办"新网工程"领域渎职案件线索 29 件，带动全市检察机关反渎职侵权部门全年线索受理数同比上升 21.05%；来宾市人民检察院反渎职侵权局采取将 90% 精力下沉基层的做法，摸排并交办案件线索 9 件。二是上级检察院反渎职侵权部门直接领办大案要案，打开局面。上级检察院反渎职侵权部门充分发挥侦查一体化机制的作用，通过领办大案要案，提升案件的突破能力和抗干扰能力。三是上级检察院反渎职侵权部门注重办案流程监控，有效规范司法办案。各市级检察院切实强化对基层检察院反渎职侵权部门办案流程监控和个案指导，把散案拓展为类案，从个案中深挖窝案串案。

3. 全链深挖，集约打击，积极推进并案侦查。一是突出并查多罪名案件。全区检察机关反渎职侵权部门根据个案的具体情况，或反渎职侵权部门单独办理，或与反贪污贿赂部门联手，深挖渎职侵权犯罪嫌疑人不作为、乱作为背后的权钱交易事实，滚动拓展案件线索，探索对贪污、渎职依法并案侦查、双反良性互动、多罪证据互证的办案模式进行探索。二是审慎并查关联案件。梧州、钦州、贵港、玉林、来宾等市检察机关反渎职侵权部门，审慎稳妥开展直接并案侦查重特大渎职犯罪关联的公安机关管辖的犯罪案件，为及时有效查明犯罪事实、打开相关案件侦查局面奠定了坚实基础。三是注重挽回经济损失。坚持并案侦查与追赃挽损相统一，依法追缴违法所得，积极挽回国家和集体经济损失。

4. 系统深查，区域联动，适时组织开展专项行动。全区检察机关反渎职侵权部门实施以专项工作方式带动办案工作整体发展战略，形成了惩治涉农惠民领域渎职侵权犯罪的高压态势和震慑效应。一是因地制宜开展小专项行动。各市检察机关反渎职侵权部门根据辖区工作实际，先后以土地监管、供销社系统"新网工程"、矿产资源开发、渔业补助、"万村千乡市场工程"、生猪标准化规模养殖场（区）建设项目、惠农扶贫等领域为重点，组织开展小专项活动。二是灵活运用一体化工作机制。在自治区人民检察院反渎职侵权局的指导和统一指挥下，市级检察院反渎职侵权部门积极发挥主体作用，采取"重案组"、"大兵团"、"专案组"等办案模式，以参办辖区渎职侵权犯罪案件为切入点，上下联动，充分调动基层检察院反渎职侵权部门检察人员的工作积极性。三是注重同步开展系统犯罪预防。坚持惩治与预防同计划、同布置、同推进、同检查，通过总结、授课、回访等形式，让更多国家工作人员特别是案件高发部门工作人员了解到职务犯罪的危害。

5. 问题导向，规范司法，提升办案法治水平。一是以人为本，规范司法理念。全区检察机关反渎职侵权部门通过会议学习、培训研讨、专题会、民主生活会和经验交流会等方式，加强各类法律法规和规章制度学习及正反经验教训借鉴，把提升业务素质和规范司法行为合二为一，大力推进司法规范化建设。二是逐案核查，切实纠正存在的问题。全区检察机关反渎职侵权部门对2014年以来立查的反渎职侵权案件进行逐案司法规范化检查，并根据司法规范化检查的情况，对2002年12月26日至2015年4月25日期间反渎职侵权部门立查的869件案件进行逐案核查。三是完善制度，构建长效机制。制定下发《全区检察机关职务犯罪侦查部门检察人员违规办案责任追究办法（试行）》。首次以自治区人民检察院和市级检察院反渎职侵权部门代表组成评审组开展年度精品、优质案件评选，提高了评选的公信力、增强了典型案例的指导、引领作用。

五、刑事执行检察工作

（一）基本情况

1. 刑罚执行和监管活动监督。全区检察机关刑事执行检察部门发现刑罚执行和监管活动违法情况1363件次，提出书面纠正意见1198件次，已纠正1181件次，纠正率为98.58%。

2. 刑罚变更执行同步监督情况。共审查减刑提请19321件、假释提请344件、暂予监外执行提请156件。针对发现的减刑、假释、暂予监外执行不当，共提出纠正621人，已纠正620人。

3. 羁押期限检察情况。共开展羁押期限检察19675次。监督清理久押不决案件9件20人。广西2010年5月1日前羁押的久押不决案件已全部清理完毕。

4. 监外执行活动监督情况。针对社区矫正和剥夺政治权利刑在交付执行、监管矫治、变更、终止执行活动中的履行职责不当情形，共向有关单位提出书面纠正意见993件次，已纠正978件次，纠正率为98.49%。

5. 查办监管职务犯罪案件情况。全区检察机关刑事执行检察部门初查监管职务犯罪案件线索26件，立案侦查9件9人，同比增加28.6%。

6. 履行修改后刑事诉讼法新增职能情况。办理羁押必要性审查案件 779 人，向办案机关提出变更强制措施建议 764 人，获采纳 747 人，采纳率为 97.77%。办理指定居所监视居住执行监督 87 件。履行强制医疗执行监督职能，对人民法院决定的 26 名实施强制医疗对象、县级以上公安机关负责人批准的 13 名被采取临时保护性约束措施对象的执行、收治、管理情况逐一开展检察。开展财产刑执行监督，共有 896 名罪犯因没有履行财产刑而被限制减刑或假释，经敦促，175 名罪犯主动履行了财产刑，履行金额约 120 万元。

（二）主要特点

1. 查办职务犯罪案件数和检察发现社区矫正执法活动不当情形同比上升。全区检察机关刑事执行检察部门查办职务犯罪案件 9 件 9 人，同比上升 28.6%。在社区矫正检察中，全区检察机关共检察发现不当情形 1098 人，同比上升 7.5%。

2. 检察发现刑罚执行和监管活动违法，以及书面监督纠正减刑、假释、暂予监外执行不当情形数量同比下降。全区检察机关刑事执行检察部门检察发现刑罚执行和监管活动中的违法情形 1198 人（次），同比下降 21.8%。书面监督纠正减刑、假释、暂予监外执行不当情形 621 人（次），同比下降 16%。

3. 专项核查社区服刑人员脱管、漏管监督工作成效明显。共监督纠正社区服刑人员脱管 58 人、漏管 73 人、虚管 166 人，打击社区服刑人员又犯罪 24 人，监督收监执行 130 人。

（三）主要做法

1. 统一思想，明确目标，认真部署开展各项刑事执行检察工作。一是及时制定工作计划，对全年刑事执行检察工作进行部署。召开部门会议，将任务逐一分解，落实责任分工。二是及时召开全区刑事执行检察工作会议，总结 2010 年以来全区刑事执行检察工作，研究部署下一步工作任务。三是学习贯彻《关于全面加强和规范刑事执行检察工作的决定》，研究制定具体贯彻落实意见，细化目标任务，确保落到实处。

2. 突出重点，敢于监督，深入开展专项检察工作。专项核查纠正社区服刑人员脱管、漏管。对执行机关的教育管理活动和社区服刑人员脱管、漏管、虚管、又犯罪的基本情况进行了全面检察，并针对性地向执行机关提出建议和意见，督促有关机关落实对社区服刑人员的监督管理和教育矫正措施。大力清理纠正久押不决案件，实行久押不决案件月报告制度，督促有关办案机关部门对久押不决案件尽快清理结案。针对全区未办结的 2010 年 5 月 1 日前羁押的久押不决案件，自治区人民检察院监所检察处多次与自治区高级人民法院相关部门协调，向自治区党委政法委报告，促进相关政法机关和案件承办人加快案件清理工作。依法开展特赦监督工作，加强与自治区高级人民法院、司法厅和监狱管理局的沟通协调，多次召开联席会议，共同研究贯彻落实措施。全区检察机关共对1351 件特赦案件开展监督，发现特赦报请不当向执行机关提出检察意见 13 件，全部获得采纳。

3. 加大力度，强化监督，坚决纠正突出问题。一是深化全区看守所监管执法专项检察活动成果。全区检察机关与公安部门联合部署开展安全大检查，督促做好安全防范工作。二是积极查办刑事执行领域的职务犯罪案件。紧紧盯住刑罚执行领域中的"有权人"、"有钱人"等特殊罪犯，从线索移送、情报共享、整合办案力量、切实发挥办案一体化的优势等方面强化刑事执行检察部门与反贪污贿赂、反渎职侵权部门的协作配合，严肃查处发生在减刑、假释、暂予监外执行过程中的索贿受贿、徇私舞弊和监管单位生产经营活动中的贪污贿赂犯罪、重大监管事故背后的渎职侵权犯罪案件。三是扎实开展监所巡视检察。继续发挥巡视检察的纠错功能，督促各地监管场所及派驻检察室认真履行职能。年内，自治区人民检察院、市级检察院刑事执行检察部门共对 72 个看守所、9 个监狱及派驻检察室进行了巡视检察，提出纠正意见 83 件（次）。

4. 立足实际，勇于创新，不断开创工作新局面。一是以向人大专项报告为契机寻找新突破。9 月，自治区人大常委会首次听取和审议自治区人民检察院关于全区检察机关刑罚执行监督工作情况的报告。自治区人民检察院对自治区人大常委会的审议意见研究制定了贯彻落实具体措施，狠抓落实整改，推动了全区刑事执行检察工作健康发展。二是探索开展财产刑执行检察新模式。结合全区实际情况，制定《开展财产刑执行检察试点工作实施方案》，确定桂林、梧州、武鸣、灵川、苍梧、全州等6个检察院为试点单位。推进财产刑执行与减刑、假释案件相挂钩的工作机制，推动法院财产刑执行的归口办理。三是深化刑罚变更执行监督。加强与自治区高级人民法院、司法厅和监狱管理局等相关部门沟通，积极开展减刑、假释案件远程视频公开开庭审理工作。四是扎实开展各项新增刑事执行检察业务。探索开展将羁押必要性审查工作归口刑事执行检察部门统一办理的监督模式，对全区刑事执行检察部门开展羁押必要性审查工作实行季通报制度，促进案件审查工作的规范化。

5. 狠抓队伍，加大投入，着力提升保障水平。举办全区检察机关刑事执行检察业务培训班，共对118名刑事执行检察人员集中进行培训。开展全区检察机关刑事执行检察业务竞赛活动，评选出10名"业务标兵"、10名"业务能手"和6个"组织奖"，进一步提高刑事执行检察队伍业务能力和水平。推进派出派驻检察机构建设。认真贯彻执行自治区党委批复同意的将原市级院管理的派出派驻监所检察院改由自治区人民检察院统一派出管理的决定，按照同级派驻和对等监督的原则，研究制定布局调整具体实施方案。积极推进自治区人民检察院驻自治区第二看守所检察室建设，就机构设置、人员配备等方面形成了明确意见。加强刑事执行检察信息化建设，将派驻监管场所检察室及"两网一线"信息化建设作为基层基础重点项目，与公安、司法、监狱等有关部门共同联动，推进刑事执行检察综合信息平台和减刑假释网上办案平台建设，推动驻看守所、监狱检察室与看守所、监狱信息联网、监控联网和检察专用网支线建设。狠抓刑事执行检察理论研究和信息宣传工作。组织开展全区刑事执行检察理论专题研究，择优推荐19篇刑事执行检察理论文章参评2015年度全国刑事执行检察重点课题研究。深化刑罚执行监督检务公开制度，加强对典型案例的新闻发布和宣传工作，自觉接受人民群众和社会各界监督。

六、民事行政检察工作

（一）基本情况

1. 受理案件情况。全区检察机关民事行政检察部门共受理案件 3106 件，同比下降 31.31%，受理后审查处理 3293 件（含往年积案），同比下降 24.21%。在受理审查的案件中，审查不服生效裁判监督案件 1451 件，占 44.06%。其中，审查处理不服民事生效裁判结果监督 1175 件，占 80.98%；审查处理不服行政生效裁判结果监督 276 件，占 19.02%。在受理审查的案件中，对民事行政审判活动违法行为进行监督 816 件，占 24.78%。其中，各市级检察院审查处理监督案件 3101 件，占全区审查处理数的 94.17%。

2. 提出检察建议情况。全区检察机关民事行政检察部门提出检察建议 1301 件，获采纳 1391 件（含往年积案）。其中，民事行政审判活动违法监督类检察建议 495 件，占 37.79%，民事行政裁判执行违法监督类检察建议 806 件，占 62.21%。

3. 提起抗诉情况。全区检察机关向法院提出抗诉案件 150 件。其中，民事诉讼案件抗诉 112 件，占抗诉案件总数的 74.67%；行政诉讼案件抗诉 38 件，占抗诉案件总数的 25.33%。法院审结抗诉案件 100 件，审结率为 66.67%，其中，维持原裁判 48 件，维持率为 48%；改判 52 件，改判率为 52%。

（二）主要特点

1. 民商事案件检察监督比例较大。全区检察机关共审查处理不服民事生效裁判结果监督 1175 件，占审查处理案件总数的 35.68%。全年全区检察机关共提出民事抗诉案件 112 件。从案件类型来看，合同纠纷、物权保护纠纷、侵权责任纠纷三类案件数量最多，合计为 817 件，占民商事抗诉案件总数的 69.53%。

2. 行政诉讼检察监督稳步推进。全区检察机关民事行政检察部门认真贯彻实施行政诉讼法，加大行政诉讼监督力度。全年共受理行政监督案件 373 件，占受理民事行政案件总数的 11.54%。全年共审查处理行政监督案件 380 件（含积案），其中提请抗诉 34 件，提出抗诉 38 件，不支持监督申请 164 件。

3. 对审判人员违法行为检察监督效果凸显。全区检察机关继续加大针对审判人员违法行为的检察监督力度，取得明显成效。共受理民事行政审判人员违法行为监督线索 498 件。经审查，对民事行政审判人员违法行为发出检察建议 495 件；获采纳 331 件，采纳率约为 66.87%。

4. 四项核心业务成绩突出。在最高人民检察院通报的全国检察机关民事行政检察 6 项核心业务数据中，广西抗诉数、再审检察建议数、检察建议数和检察建议获法院采纳数 4 项核心业务数据均居全国前 10 位。

（三）主要做法

1. 认真贯彻实施修改后行政诉讼法，推进行政检察工作科学发展。一是对行政诉讼法修改后的新形势和新任务进行科学研判，采取有效措施加强调研、培训、宣传等工作。组织全区检察机关民事行政检察业务骨干参加在吉林大学和浙江大学举行的民事行政检察业务培训班，参训人员共 140 人。结合修改后行政诉讼法，全区检察机关积极开展行政检察宣传工作。自治区人民检察院民事行政检察处根据最高人民检察院民事行政检察厅要求，对全区行政违法行为监督和行政强制措施监督改革任务进行调研，形成《广西检察机关对行政违法行为监督和行政强制措施监督工作的调研》上报最高人民检察院民事行政检察厅。二是积极贯彻全国行政检察工作座谈会精神，确保中央和最高人民检察院的部署落到实处。

2. 开展全方位宣传，扩大民事行政检察工作社会影响力。扎实开展专项宣传工作，持续扩大民事行政检察工作社会影响力。注重统筹运用传统媒体与新媒体，用鲜活的群众语言宣传新增民事行政检察职能、监督申请受理渠道和民事行政检察工作成效等，使社会各界和人民群众更加了解、支持民事行政检察工作，拓宽案源渠道。自治区人民检察院民事行政检察处在紧抓传统宣传的同时，尝试宣传新形式，利用微信朋友圈信息传播快、传播广以及可链接音频、视频的特性，开辟微信普法 FM 栏目《"民行妈妈"讲案例》，不断丰富宣传形式和内容，增强宣传效果。

3. 扎实开展规范司法行为专项整治工作。自治区人民检察院民事行政检察处印发了《全区检察机关民事行政检察部门规范司法行为专项整治工作方案》、《关于报送规范司法行为专项整治对照检查阶段有关材料的通知》、《关于开展全区检察机关民事行政检察部门规范司法行为专项整治工作抽样检查的通知》，在全区范围内开展规范司法行为专项整治工作，先后形成《关于开展规范司法行为专项整治工作的阶段性报告（对照检查阶段）》、《关于规范司法行为专项整治整改落实阶段工作的情况报告》、《关于全区检察机关民事行政检察部门规范司法行为专项整治工作的总结报告》。

4. 认真进行案件质量评查，着力提升案件质量。根据工作部署，全区检察机关民事行政检察部门对 2013 年以来办结的各类民事行政监督案件对照规范司法行为的要求进行全面排查，认真查找问题，开展案件质量自查自纠，紧抓案件质量。对于检查发现的问题，及时反馈并通报，提出整改措施、整改时间，落实整改责任，确保最高人民检察院和自治区人民检察院的硬性要求得到贯彻落实。

5. 加强建章立制和队伍素能建设。自治区人民检察院民事行政检察处先后制定、印发《办理民事行政检察案件履行告知义务暂行办法》、《民事行政检察人员接待会见当事人及其诉讼代理人暂行办法》、《广西壮族自治区人民检察院民事行政检察处案件讨论规则》、《广西壮族自治区人民检察院民事行政检察处案件分配管理暂行办法》，加强办案流程管理，提高规范化司法水平。自治区人民检察院民事行政检察处与控告申诉检察处、案件监督管理处于 8 月召开办理民事行政案件座谈会，就如何执行《人民检察院民事诉讼监督规则（试行）》、修改后行政诉讼法以及最高人民检察院控告申诉厅与民事行政检察厅的有关座谈会纪要等内容作了沟通，明确了案件的受理标准、所需材料和权利义务告知、文书送达等有关事项。此外，自治区人民检察院民事行政检察处还组织开展全区检察机关民事行政检察部门全员综合业务岗位练兵、法律文书评选活动等，提升队伍专业化水平，努力提高办案质量。

七、控告申诉检察工作

(一) 基本情况

全区检察机关控告申诉检察部门受理各类举报、控告、申诉等来信来访 14079 件（次），同比下降 14.56%。其中，举报类案件 3101 件，占 22.03%；控告类案件 3808 件，占 27.05%；申诉类案件 7170 件，占 50.93%。全区各级检察院检察长接待日接待来访群众 2635 人，同比上升 7.64%，受理案件 1003 件，批办案件 720 件，办结案件 484 件。全年共奖励举报有功人员 47 人；发放举报奖励金 11.26 万元。

1. 受理不服检察机关处理决定刑事申诉案件情况。受理不服检察机关处理决定申诉案件 175 件，同比下降 65.55%。全年共立案复查案件 116 件，占受理案件总数的 66.29%，同比下降 70.33%。复查结案 134 件（含积存案件），复查决定执行落实 141 件（含积存），复查息诉 112 件，复查息诉率为 79.43%。公开审查案件 23 件，其中公开听证 11 件、公开示证 1 件、公开答复 9 件、其他方式公开 2 件。

2. 受理不服人民法院生效刑事裁判申诉案件情况。受理不服人民法院生效刑事裁判申诉案件 475 件，同比下降 29.10%。立案复查 178 件，同比下降 54.82%；复查结案 165 件，复查结案率 92.70%，其中，提请（出）抗诉 17 件，占 10.30%；不予抗诉 126 件，占 76.36%；中止审查 12 件，占 7.27%。在提起抗诉的案件中，抗诉案件改判重罪 2 人，改判率 11.76%；发回重审 1 件，发回重审率 5.89%；维持原判 1 件，维持原判率 5.89%。

3. 受理国家赔偿案件情况。受理国家赔偿申请 87 件，同比上升 12.99%，其中，正式立案 81 件，立案率 93.1%，同比上升

14.08%；审理结案 77 件，审结率 95.06%；给予赔偿 65 件（含协商赔偿 18 件，给予精神损害赔偿 5 件），占立案总数的 84.42%。受理赔偿监督案件 3 件。执行赔偿金 288.61 万元。

4. 实施司法救助情况。实施司法救助 974 人，财政核拨 953 人，实际发放救助金额 549.48 万元；其他救助方式 11 人。

（二）主要特点

1. 控告申诉检察业务全面健康发展。全区检察机关控告申诉检察部门积极适应检察工作新变化、新形势，以司法办案为中心，深入推进涉法涉诉信访改革，不断强化法律监督和救济保障职能，坚定履行化解矛盾纠纷、促进公平正义、维护社会和谐稳定的职责使命。最高人民检察院通报的 26 项检察业务 37 项核心数据中，广西检察机关排名居全国前 5 位的有 7 项，其中控告申诉检察业务数据占 3 项；居全国前 10 位的有 16 项，其中控告申诉检察业务占 6 项。涉法涉诉信访工作取得新进展，全区实现涉检进京零上访，受到中央政治局委员、中央政法委书记孟建柱同志的充分肯定。

2. 涉法涉诉信访改革显成效。推动建成集控告申诉接待、案件受理、行贿犯罪档案查询、法律咨询、律师阅卷等功能为一体的综合检务服务平台。创新检察长接待制度，开展检察长远程视频接访、远程视频联合接访。积极构建律师等第三方参与涉检信访化解机制，最大限度地把矛盾化解在首办环节，化解在基层，减少矛盾积累，控制信访上行。

3. 权利保障更加全面。一是积极开展举报人保护工作，完善举报激励措施，加大举报人奖励力度。二是加强国家赔偿案件审结力度，对符合赔偿条件的，依法给予赔偿，最大限度维护赔偿请求人的合法权益。受理数、立案数与审结数均同步增长。三是全面加强司法救助工作。实施司法救助人数在全国检察机关排名第 3 位，人均救助额 5765 元，个案最高救助金额高达 10.4 万元。

（三）主要做法

1. 深入推进涉法涉诉信访改革，积极应对新形势、新任务。

一是加大工作力度，采取有效措施，扎实推进综合检务平台建设。全区检察机关建成综合检务服务中心 101 个，面积共计 22055 平方米。二是远程视频接访建设实现四级检察院互联互通，形成了以远程视频接访系统为纽带，向上对接上级检察院，向下联通派驻乡镇检察室、检察工作站、信访工作联系点的"三位一体"矛盾化解工作模式。三是加强初信初访办理，加大分流办理力度，引导群众依法逐级表达诉求，就地解决问题。四是完善创新检察长接待制度，抓实检察长阅批重点信访件工作，多个检察院积极利用新媒体进行检察长远程视频接访、远程视频联合接访，拓展检察长接访途径。五是积极构建律师、法学专家、学者、人大代表、政协委员、人民调解员、人民监督员以及其他社会第三方人员参与涉检信访化解机制，在办案单位与信访人之间搭建起有效沟通交流的桥梁，帮助办案单位发现司法错误、瑕疵，提高审查处理的精准度和公正性，促进息诉息访，实现案结事了。

2. 抓严抓实各项举报制度，开展好举报奖励、举报人保护工作。一是不断畅通举报渠道。在坚持书面、口头、电话等有效举报方式外，开通网络举报渠道。继续坚持举报中心统一管理举报线索制度。二是积极完善举报激励措施，加大举报奖励力度。自治区人民检察院修改完善《广西壮族自治区人民检察院奖励举报有功人员实施办法》，各地检察院进一步完善奖励资金保障和审核手续，推进举报奖励工作制度化、常态化进程。三是积极开展举报人保护工作，完善制度建设、规范处理流程，加强对举报人权益的保障。

3. 以司法办案为中心，全面加强刑事申诉检察工作。一是突出重点，提升刑事申诉案件办案质量。全区检察机关控告申诉检察部门依托统一业务应用系统，不断提高不服检察机关处理决定和不服法院生效刑事裁判申诉案件办案的质量。二是全面抓好刑事申诉案件公开审查，深入总结分析近年来全区公开审查工作情况，制定了《广西检察机关开展刑事申诉案件公开审查活动有关规定（试行）》和《广西检察机关刑事申诉案件公开审查用语规范（试行）》，引导公开审查规范开展。三是开展案件质量评查，强化反向审视工作。组织检查组到全区各地检察机关，对 2014 年办结的刑事申诉案件进行逐案检查，对案件评查和反向审视中发现的具体问题，通过书面通报等方式，有效地督促和引导办案人员依法规范办案。

4. 全力抓好"文明接待室"窗口建设。全区检察机关控申部门将争创全国、全区检察机关"文明接待室"作为重要工作内容，全面抓好各项建设，有力推动了控告申诉检察工作的发展。坚持硬件建设与软件建设两手抓，两手都要硬。新建或扩建接待场所，加大投入资金，配足各项办公设备、便民设施、安检装备，制定完善各项接访制度，切实加强接待场所文化建设和安全建设。

5. 加强控告申诉检察队伍职业化建设，提高专业化水平。一是认真开展"三严三实"和规范司法行为专项整治活动。二是狠抓业务培训，提升队伍业务素能。围绕涉法涉诉信访改革、举报工作实务、刑事申诉案件办理、国家赔偿实务、检察信息写作等专题，举办了全区检察机关控告申诉检察业务培训班。以片区形式多次组织开展刑事申诉案件公开审查观摩活动。组织开展 2015 年全区检察机关公开审查刑事申诉精品案件评选活动等。

八、职务犯罪预防工作

（一）基本情况

全区检察机关职务犯罪预防部门组织开展预防调查（含职务犯罪案例分析）2831 次，同比减少 7.45%。结合办案向有关单位提出职务犯罪预防检察建议 1008 件，同比减少 21.06%，其中，被采纳 881 件，被采纳率为 87.4%。制发惩治和预防职务犯罪年度报告 140 份，完成相关预防职务犯罪专题报告 135 份。受理行贿犯罪档案查询 298030 次，同比增长 19.99%，涉及被查询单位和个人共 743571 个，同比上升 23.19%。对有行贿犯罪记录的单位或个人作出处置 84 次，同比增长 110%。全年全区检察机关先后组织开展警示宣传教育 4747 余次。

（二）主要特点

1. 预防职务犯罪主要业务工作成绩突出。预防工作核心业务数据居全国第 4 位，全区检察机关有 11 项预防项目先后在全国获奖。有关做法获最高人民检察院肯定。

2. 保障经济社会发展职能作用明显。全区检察机关预防部门主动激发服务经济发展新潜能，积极部署"一带一路"战略协作预防，联合南宁海关等 5 家单位共同出台《关于在"一带一路"战略实施中共同开展预防职务犯罪工作的意见》。努力保障精准扶贫工作，积极开展强农惠农领域职务犯罪预防工作。围绕自治区党委关于全面推进广西法治建设的决策部署，制定《关于在全面推进广西法治建设中进一步发挥预防职务犯罪职能的意见》，服务广西法治建设。

3. 职务犯罪预防效果和社会影响显著。全区检察机关通过制发惩防和预防年度报告推动各有关部门建立制度 20 项，自治区人民检察院职务犯罪预防局起草的 2014 年惩治和预防职务犯罪综合报告得到自治区党委书记、人大常委会主任彭清华，自治区主席陈武等 6 位自治区领导批示，并被最高人民检察院《预防职务犯罪工作情况》、《职务犯罪预防指引》转发。各级党委政府高度重视预防工作，人民群众积极关注预防工作，检察机关预防工作的社会影响力不断扩大。

（三）主要做法

1. 找准工作定位，主动服务经济发展新常态。深入学习领会习近平总书记关于经济发展新常态的重要论述，贯彻落实最高人民检察院关于进一步发挥查办和预防职务犯罪职能作用、积极有效服务经济发展新常态的 28 条意见，紧紧围绕重大投资项目和经济管理部门开展职务犯罪预防。及时出台《关于在"一带一路"战略实施中共同开展预防职务犯罪工作的意见》和《关于在全面推进广西法治建设中进一步发挥预防职务犯罪职能的意见》，服务"一带一路"战略实施，进一步深化源头预防、专项预防和社会预防。

2. 落实中央精神，努力确保精准扶贫预防工作取得新成效。落实习近平总书记提出的"要把扶贫攻坚抓紧抓好抓到位"的重要讲话精神，在全国率先开展"保障和改善民生，促进惠民扶贫政策落实"专题预防活动，组织全区检察机关围绕农村低保资金、危房改造、粮食直补等 32 个惠民扶贫政策开展专题预防。实行统一立项，统一管理，定期通报。联合各地惠农扶贫部门，排查职务犯罪风险点 8 大类 357 个，提出对策建议 89 条，推动有关部门专项整改检查 63 次，完善制度 30 余项。

3. 实施重点突破，深入开展专项预防工作。继续推动以重点抓、抓重点为主要方法的专项预防工作，开展农村"新网工程"专项预防，着重对完善"新网工程"建设提出具体的对策建议。开展海关领域职务犯罪专项预防，结合查办海关系统系列案件，提出检察建议，得到自治区主席陈武、自治区副主席张晓钦，以及国家海关总署署长于广州等领导的批示。开展司法领域职务犯罪专项预防，对全区检察机关近 6 年来查办的司法领域职务犯罪案件进行调查，向自治区党委政法委报送《关于广西司法领域职务犯罪的预防调查报告》。

4. 强化预防协作，构建社会预防工作联动格局。一是进一步争取人大代表、政协委员和社会各界关注支持预防工作。自治区人民检察院预防局组织全区检察机关预防部门深入走访并征求全国驻桂人大代表对预防工作的意见建议，主动与自治区政协委员沟通联系，协调将"加强预防职务犯罪公益宣传"作为政协联名提案并通过大会审查成为重点提案，推动预防工作获得更高层面的支持。二是积极拓展共同开展预防工作格局。自治区人民检察院与中国石油股份有限公司广西分公司、中国大唐集团公司广西分公司分别签订《共同开展预防职务犯罪工作的意见》。三是发挥行贿犯罪档案查询参与社会信用体系建设作用。自治区人民检察院通过与自治区社会信用建设领导小组办公室协调，将检察机关行贿犯罪档案查询工作纳入社会诚信体系建设指标；贵港、柳州等市检察院通过对行贿犯罪档案查询的跟踪延伸，成功对 3 起招标代理机构在招投标过程中采用两种版本招标文件进行招标的不规范行为进行监督。

　　5. 加强规范管理，提高预防工作科学化水平。自治区人民检察院预防局结合预防工作实际，重新研究确定预防业务核心通报数据项目，制定《全区检察机关预防职务犯罪业务质量效果评估实施意见》。拟定了《广西检察机关预防职务犯罪宣传联播网项目建设、使用、维护实施办法》，为下一步规范联播网建设奠定了基础。针对全区检察机关在预防业务报表的制作、报送方面存在的不规范问题，对包括行贿犯罪档案查询报表在内的预防业务报表制作、核校、报送等工作作了统一要求和规范。继续组织开展全区检察机关第五届预防职务犯罪精品和优质预防项目评比活动，带动预防业务朝规范化和科学化方向发展。

创 新 篇

一、打造"一站式"综合检务平台

（一）基本情况

广西检察机关以服务群众、方便群众为出发点和落脚点，推动综合检务平台建设，全区建成 101 个集控告申诉接待、案件受理、行贿犯罪档案查询、法律咨询、律师阅卷等功能为一体的综合检务服务中心。综合检务服务中心整合信、访、网、电等诉求表达渠道，配备一体化彩色复印机、LED 电子显示屏、高速扫描仪、电脑触摸查询系统、视频接访系统、安全监控系统等软硬件设施，优化运营平台建设、环境建设、文化建设及服务水平，为信访群众提供优质高效、规范公正的"一站式解决"综合法律服务环境。

（二）主要做法

1. 统筹兼顾，稳步推进，积极推进综合检务平台建设。一是深入调研论证，加强统筹规划。自 2009 年以来，全区检察机关积极回应群众司法需求，积极探索推进"一站式"检务服务平台建设。经调查研究和广泛征求意见，自治区人民检察院要求有新建办公楼或有条件改造旧房的检察院先行一步，把"一站式"检务接待大厅纳入建设规划，并科学设计大厅功能；对于办公场所限制难以改变现状的，积极争取当地党委、政府和有关部门的重视支持，不断加大推进力度。二是加强组织指导，统一规范设置。自治区人民检察院制定下发《关于深入推进广西检察机关综合检务平台建设的意见》，明确了综合检务服务中心的功能定位、主要职责以及推进综合检务平台建设的总体思路。为规范综合检务服务中心工作，还进一步规范了操作流程。三是注重经验总结，拓展实践成果。加强检务服务中心工作的跟踪总结，积极推广成功经验做法，通过召开现场推进会等形式，不断拓展实践成果。

2. 立足职能，准确定位，拓展"一站式"综合检务平台的功能。综合检务服务中心，以控告申诉检察部门为基点，将案件管理、职务犯罪预防、民事行政检察等涉及对外检察事务的业务部门联合起来，着力构建一个上下联动、内外相连并有效解决群众问题、快速化解矛盾纠纷的工作平台。坚持以便民、公开、公正、高效、安全为价值追求，不断拓展检务接待工作的辐射范围和功能，逐步形成检务公开、网上举报、12309举报电话、信访接待、案件受理、信息查询、矛盾调处、联络之窗等八大功能模块。

3. 整合资源，深挖潜力，提升检务服务能力和水平。一是创新管理模式，促进有序衔接。综合检务服务中心工作人员由相关业务部门人员组成，注重培养和使用一专多能人才。接待大厅落实值班长制度，除分别配备专职接待人员外，实行中心组成部门负责人轮值接待，每段时期指定一名负责人作为值班长，负责组织管理当天检务接待大厅的各项业务工作，形成"中心—大厅—具体人员"运行方式。综合检务服务中心可以根据实际情况，实行轮班制或固定＋流动人员排班制的值班制，合理调配人力资源。二是打造民心工程，提升服务品质。积极推行阳光仪容仪表、阳光服务接待、阳光窗口语言、阳光服务环境，得到广大群众的好评。

4. 优化环境，扩展内涵，树立检察机关良好形象。一是加强窗口基础设施建设。按照国家住建部、发改委及最高人民检察院的"两房"建设标准，以原有信访接待室（大厅）为基础，积极推进检务接待大厅基础设施建设，除建好综合接待区域外，还落实各独立工作区，包括检察长接待室、候谈室、网络视频接待室、案件讨论室、听证室、情绪疏导室等，实行接待区与工作区分离。加强警务安保设施建设，大厅安装安检门和安全通道。二是推进科技装备和信息化建设。在检务接待大厅内安装LED显示屏、自动触摸屏、案件管理系统等科技设备，积极推进信息化建设，大力推行"网上办案"。如南宁市江南区人民检察院网上流转率和审批率均达100%，实现了案件受理、分流、承办、结案、审批、归档等流程的网上操作。又如，钦州市钦南区人民检察院开通"惠民检察热线"，充分利用文字、视频、语音等交流方式，就社会热点、法律释疑、检察监督等问题实现检民实时互动，提供法律咨询、受理控告申诉，自 2011 年开通以来年受理量均达上千条，被当地群众誉为服务百姓、保障民生的"贴心线"。三是将综合检务服务中心作为检察文化建设载体，凸显检察文化再造作用。在制度建设上，加强和规范检务受理接待日常行为和操守。在环境建设上，打造庄严、美观、大方、富有精神内涵的办公环境，营造文明有序的诉讼秩序氛围，塑造检察机关良好形象。如在检务接待大厅内设有来访人专用电话、法律法规读本、报刊栏、饮水机、紧急备用药箱、残疾人通道等。有的检察院还在大厅内悬挂检察人员手绘法制漫画。

5. 建章立制，规范管理，着力实现服务工作制度化、科学化。一是坚持首办责任制。认真实施《人民检察院控告申诉首办责任制实施办法（试行）》等规定，加强综合检务服务中心与相关业务部门的对接和配合。如在受理接待答复环节，中心接待受理事项后，及时填写《交办单》交给相关业务部门办理，承办部门应在 2 至 3 个工作日内回复；对承办部门应办未办或托办的应说明情况，且在 2 个工作日内回复；对于反映司法机关执法不严、不公、不规范的一般性问题，承办部门应在 10 个工作日内回复；属于需要进入诉讼程序的，则按诉讼时限为回复时限。二是完善涉检信访工作机制。在深化涉法涉诉信访工作改革中，检察机关面临的访诉对接、审查甄别的工作更重。围绕涉检信访的规范受理、依法办理、司法救助等关键环节，建立健全信访案件诉讼导入机制，保障内部导入工作机制的有序畅通，积极引导信访下行，防止涉法涉诉信访问题出入口堵塞和案件积压。三是健全相关部门对接联动机制。通过建立各相关职能部门之间的协调联系机制，充分发挥检务接待大厅对"诉"类案件及"访"类案件的受理、接待、分流、回复功能。对重大疑难信访案件建立联合接访工作机制，坚持联合接访、联合办案、联合反馈，实行定专人、定方案、定时限。四是建立联系服务群众长效机制。结合开展党的群众路线教育实践活动，把改善和保障民生、密切联系群众作为建设检察事务管理中心的出发点，不断完善窗口接待、检务公开、监督保障、司法救济及社情民意调查等制度机制，畅通联系渠道，强化服务措施，进一步提升检察工作亲和力和群众满意度。

二、全面推进案件信息公开

（一）基本情况

广西检察机关坚持把案件信息公开系统深度应用作为深化检务公开、落实便民司法的重要举措，紧紧围绕司法改革要求和人民群众关切，积极拓展公开内容、便捷公开程序、丰富公开手段、优化系统配置，推动案件信息公开工作不断规范、全面推进，得到了最高人民检察院的充分肯定。全区检察机关共发布案件程序性信息81328件，办理辩护与代理预约申请170件，各类用户申请网上查询共503人次，发布重要案件信息3293件，法律文书21355件，各类公开信息均位居全国前列。

（二）主要做法

1. 立足素能提升，丰富培训载体。一是推进网络培训。自治区人民检察院根据《人民检察院案件信息公开工作规定（试行）》，组织全区各级检察院办公室、宣传、侦监、公诉、反贪、反渎、民行、控申等部门的业务骨干开展系统应用网络培训。二是强化专题培训。针对案件程序性信息公开、法律文书公开等有关工作，自治区人民检察院组织全区各级检察院案件管理部门共计160余名业务骨干集中培训，并将该批业务骨干明确为各地的师资力量负责指导本地案件信息公开工作。三是拓展培训方式。有的市级检察院在检察内网开通"案件信息公开"专栏，集中上传最高人民检察院、自治区人民检察院有关案件信息公开的文件规定、操作规范、技术处理标准、法律文书公开操作提示卡等培训资料，并定期发布案件信息公开情况通报，进一步提升培训效果。

2. 着眼规范应用，完善工作制度。一是建立业务部门指导制度。自治区人民检察院宣传、公诉、反贪等有关部门均制定了与其公开职责有关的业务指导意见，例如宣传部门发文规范重要案件信息公开的内容和程序，公诉部门制定下发《关于进一步推进全区检察机关法律文书公开工作的通知》，反贪部门制定下发《关于进一步规范重要案件信息发布工作的通知》，各部门各司其职、分工协作、共同推进的工作格局基本形成。二是建立信息公开联络员制度。在全区各级检察院有关业务部门均设置一名信息公开联络员，统一负责与案件管理部门沟通衔接案件信息公开工作，有效提升工作效率。三是制定操作细则。全区各级检察院紧密结合本院实际，研究制定案件信息公开操作细则。如玉林市人民检察院明确要求案件承办人树立没有公开案件信息就没有完成案件办理的意识，在立案、移送审查起诉、提起公诉等关键办案节点必须完成有关信息公开操作；在统一业务应用系统中申请用印时，需同步提交案件信息公开审批手续。

3. 围绕提质增效，强化监督管理。一是加强督促检查。自治区人民检察院案件管理部门安排专人巡查各地案件信息公开情况，定期将案件程序性信息、法律文书、重要案件信息的数量、公开比例予以全区通报；及时对各地案件信息公开工作中存在的问题进行分析，采用文字阐述和截图展示的方式形成书面材料，送至有关部门作为改进工作的参考；加强点对点指导，对工作发展滞后的院加大督查力度，促进各地案件信息公开工作协调发展。二是加强预警提示。有的市级检察院每月根据报表反映的案件审结情况，梳理出已办结并需要发布法律文书的案件及其承办人，并提供给业务部门联络员，督促及时发布信息。根据反贪、反渎部门编发的工作动态，及时提醒宣传部门发布重要案件信息。三是加强事前审核。在法律文书公开前，安排专人对照技术处理标准，认真核查法律文书是否符合公开要求。经审核发现文书技术处理不规范的，均要求相关部门及时修改完善，严防"瑕疵"文书在网上公开。

4. 聚焦群众关切，加大宣传力度。一是利用网络手段加强宣传。通过微信公众号、检察门户网站等新媒体平台，向社会广泛宣传案件信息公开系统。"广西检察院"、"南宁检察"、"钦州检察"等微信公众号均设立了"案件发布厅"专栏，与案件信息公开网同步发布案件信息。二是依托"检察开放日"加强宣传。在"检察开放日"设置专门主题介绍案件信息公开系统的查询内容、程序和方法等，进一步提升宣传效果、扩大知晓范围。三是运用服务大厅加强宣传。在检察服务大厅、案件管理大厅设置展板，集中展示案件信息公开宣传系列图、微信二维码、案件信息公开网址等，使来访群众熟悉系统、认可系统、使用系统。

三、构建检察新媒体矩阵

（一）基本情况

广西检察机关 132 个检察院全部开通微信、微博、新闻客户端（以下简称"两微一端"），成为全国检察机关第 13 个实现三级检察院"两微一端"全覆盖的省份。自治区人民检察院新媒体粉丝总数近 80 万，发布信息 9000 多条，阅读量达 1010 多万，最高人民检察院、《检察日报》、正义网新媒体转载广西检察新媒体原创作品 150 余篇。自治区人民检察院新媒体在人民网、新华网、法制网、《检察日报》等权威机构公布的新媒体影响力排行榜中，一直稳居全国检察系统前列。在 2015 腾讯全球合作伙伴大会上，自治区人民检察院微信获评"政务突破奖"，连续两年成为广西政法机关唯一获奖单位。10 月，自治区人民检察院策划选送的 H5 作品在全国检察机关首届检察新媒体创意大赛中荣获"金奖"，自治区人民检察院宣传处获"组织奖"，并在颁奖大会上作经验交流发言。12 月，在第三届政法新媒体峰会上，广西新媒体荣获 6 个奖项，其中，自治区人民检察院官方微信荣获"全国十佳检察微信"、新闻客户端荣获"全国十佳检察客户端"、1 部新媒体作品荣获"全国十佳检察新媒体作品"，贺州市人民检察院、钦州市人民检察院和钦州市钦北区人民检察院荣获"全国检察新媒体优秀奖"。自治区人民检察院"今日头条"新闻客户端还被评为 2015 年"最具影响力检务头条号"。

（二）主要做法

1. 集中推进检察新媒体建设。广西检察新媒体建设主要集中在 2014 年至 2015 年期间，新媒体平台的种类较为集中，各级检察院官方微博主要设在腾讯网和新浪网，检察新闻客户端主要设在今日头条和搜狐。其中在今日头条开通新闻客户端的，占 100%。

2. 重视参与建设机构的广泛化。强力推进新媒体平台建设，全区 132 个检察院全部开通了官方微信、官方微博、检察新闻客户端。其中，同时开通两个以上官方微博的检察院有 8 个，占 10%。全区 132 个检察院的官方门户网站全部完成改版升级。

3. 强调在小网阵建设基础上共同构建宣传大矩阵。当前全区检察机关共运营 162 个微博、137 个微信、133 个新闻客户端，由无数小网阵共同构成了庞大的宣传矩阵。其中自治区人民检察院在人民网、新华网、正义网、新浪网、腾讯网建成 5 个官方微博和 1 个官方微信公众平台，并先后在搜狐网、今日头条开通自治区人民检察院新闻客户端，构建成 5 个官方微博、1 个微信公众号、2 个新闻客户端以及 1 个检察门户网站的新媒体宣传网阵。南宁市兴宁区人民检察院建成由新浪网、腾讯网、新华网、人民网等 4 个官方微博和 1 个官方微信公众平台以及 1 个新闻客户端组成的网阵。柳州市城中区人民检察院、柳州市柳北区人民检察院、钦州市钦南区人民检察院、钦州市钦北区人民检察院、玉林市玉州区人民检察院等单位则分别建成 2 个官方微博和 1 个官方微信公众号和 1 个微信公众平台的网阵。

4. 强调新媒体功能的多样化综合应用。各检察官方微博、微信和新闻客户端主要发布检察机关的重大工作部署、动态信息、司法办案的最新进展，宣传检察职能，增强与群众、网友互动交流，释疑解惑。此外，还有少部分检察新媒体专门针对某项检察业务开通，如三江县人民检察院开通以"职务犯罪预防局"为名的微信，专门开展职务犯罪预防宣传，柳州市柳北区人民检察院开通以"未检扬帆"为名的微博，专门开展未成年人犯罪预防宣传。

四、推行简易程序公诉案件"表格菜单式"审查模式

（一）基本情况

广西检察机关积极探索、改革案件办理模式，坚持"减少文字录入、兼顾案件质量与效率"的思路，以推行简易程序案件"表格菜单式"审查报告模式为突破口，建立健全相关配套机制，实现轻案快捷办理，有效缩短办案期限，缓解人少案多矛盾。自2012年初，全区检察机关以南宁市西乡塘区人民检察院、河池市宜州市人民检察院为第一批试点单位，尝试探索简易程序案件"表格菜单式"审查报告模式。经过三年实践，"表格菜单式"审查报告模式有效带动了简易程序案件的快速高效办理。全区50%以上的简易程序案件已经适用该模式审查，适用案件类型已扩增至18类，覆盖了基层检察院受理案件类型的85%以上。在审查起诉阶段的平均办案时间缩短5天至8天，取得良好的法律效果和社会效果。

（二）主要做法

1. 精细设计，构建简化审查机制。一是精准定位，明确适用范围。我区基层检察机关每年受理的简易程序案件占80%左右，其中盗窃、抢劫、故意伤害、诈骗、敲诈勒索、贩卖毒品等罪名占简易程序案件的70%左右。为提高此类案件办理效率，明确规定交通肇事，故意伤害，强奸，非法拘禁，抢劫，盗窃，诈骗，抢夺，职务侵占，敲诈勒索，掩饰、隐瞒犯罪所得，走私、贩卖、运输、制造毒品，非法持有毒品，非法持有枪支、弹药，危险驾驶，滥伐林木，盗伐林木，赌博等18类案件，适用"表格菜单式"审查方式制作审查报告。二是模板审查，分类细化选项。针对18类案件设计出各具特点的"表格菜单式"审查报告模板，模板中大部分内容可以由承办人进行勾选，无须录入文字。同时，为保证案件质量，将"表格菜单式"审查报告模板分为犯罪嫌疑人基本情况、程序性审查、证据审查、审查过程、处理意见等五个板块。五

个板块中，在充分考虑个案审查要点的情况下，突出针对性，细化每类案件应当着重审查的要点，以此提示案件承办人逐条进行审查，确保案件质量。三是格式填空，注重文书衔接。在设计"表格菜单式"审查报告的板块详细内容时，注重与起诉书、举证提纲等文书的衔接，凸显轻案快办的特点。其中犯罪嫌疑人基本情况、审查过程、处理意见板块属于格式填空，基本按照起诉书、出庭意见规范用语进行模式设计，承办人只需完成填空，大量减少案件承办人在制作起诉书、出庭意见时的文字录入工作。证据审查板块注重要求列明证据出处，归纳证据证明的内容等，实现证据审查板块与出庭举证提纲的合二为一。

2. 建章立制，优化办案运转机制。一是加强沟通，实行集中审查。在遵循侦查规律的基础上，主动商请公安机关相对集中移送审查起诉案件，引导、督促公安机关对符合适用"表格菜单式"审查报告模式审查的简易程序案件快侦、快结、快送，最大限度地做到集中移送审查起诉。检察机关集中受理后集中审查，使承办人能够充分掌握简易程序案件特点，实现集中审讯、出庭。二是繁简分流，启动程序前移。公诉部门加强与案件监督管理部门的配合，在案件受理关口实现案件的繁简分流。案管部门在受理案件后及时进行审查，把能够适用"表格菜单式"审查报告模式审查的简易程序案件直接分流至专办小组，提高案件流转效率。三是创新方式，主动听取意见。为实现"表格菜单式"审查报告模式与犯罪嫌疑人（被告人）认罪认罚机制、刑事简易案件速裁机制的有效衔接，在梧州市万秀区人民检察院等院试点，着重创新听取辩护律师意见的方式方法，提前向犯罪嫌疑人做好释法工作，尽量使每件简易案件的犯罪嫌疑人在诉前认罪认罚，在此基础上进一步简化文书制作，提高检察环节办案效率。四是限期办结，实行专组负责。在已经建立的轻刑案件快速办理机制基础上，确立简易案件专办、专组机制，成立简易案件专办小组。专办小组由一名主任检察官、两名至三名检察官或检察官助理及一名至两名检察辅助人员组成。同时，进一步明确办理期限和办理权责，保证办理简易案件"专业、规范、快速"。

3. 深化成果,实现案件办理提速保质。一是全面提速,节约诉讼成本。模板化的"表格菜单式"审查报告省略了证据详细摘抄,细化了审查项目,突出了确保案件质量项目的审查,使审查工作更加突出、直观、明晰。这种设计使承办人形成审查报告的时间由原来的 5 小时至 6 小时缩短到 30 分钟至 40 分钟,主任检察官审批时间由原来的 2 小时至 3 小时缩短到 10 分钟至 20 分钟。"表格菜单式"审查报告模式应用以来,全区检察机关受理的简易程序案件的总体审结率一直维持在 90% 以上,简易案件审结平均时限缩短 10 天。二是提高效率,严防刑期倒挂。"表格菜单式"审查报告模式使案件办理效率提高,缩短了审前羁押时间,有效防止审前羁押期限与实际判决刑期的"倒挂"现象。三是统一规范,加强侦查引导。"表格菜单式"审查报告模式对 18 类案件的证据种类以及需要达到的证据标准进行统一要求。通过加强与侦查机关的沟通,将"表格菜单式"审查报告模式转换成"证据菜单",向侦查机关提供"菜单式"服务,引导侦查人员快速取证,快速侦结。这一做法也得到了侦查机关的欢迎及认可。自"表格菜单式"审查报告模式实施以来,该模式适用范围内的案件退侦率仅为1.6%,大大低于其他简易程序案件的退侦率(6.5%)。四是引导监督,提高监督质量。"表格菜单式"审查报告模式细化重点审查项目,引导、提示承办人审查案件,使新进公诉部门的承办人及时发现程序问题、瑕疵证据、非法证据、法院判决存在的问题等。"表格菜单式"审查报告模式全面实施以来,全区基层检察机关向侦查机关发出各类纠正违法通知书 400 余件,侦查机关书面纠正回函率 100%。五是释法说理,减少矛盾冲突。在施行"表格菜单式"审查报告模式过程中,注重与认罪认罚机制、刑事案件速裁程序、简易案件快审程序相结合,充分听取辩护律师关于定罪量刑、刑罚执行方式等方面的意见,充分向犯罪嫌疑人释法说理,促使犯罪嫌疑人安心改造。据统计,以"表格菜单式"审查报告审结的认罪认罚案件,息诉率为 100%。

调 研 篇

一、广西检察机关刑罚执行监督工作情况调研报告

5月25日至30日，自治区人民检察院与各民主党派广西区委、自治区工商联、无党派人士代表组成联合调研组①赴柳州、桂林、河池开展刑罚执行监督工作情况专题调研。调研期间，联合调研组采取召开座谈会、实地考察、书面调研、查阅资料等方式，详细了解当前制约检察工作的一些体制性机制性难题，认真听取基层一线检察人员和群众代表的意见，实地考察了宜州监狱、英山监狱、柳州市第二看守所、河池市金城江区东江镇司法所和桂林市七星区东江街道司法所等刑罚执行场所。同时，向全区检察机关调取了相关资料，结合此次实地调研情况，形成调研报告如下：

（一）2011年以来刑罚执行监督工作的基本情况

1. 依法全面履行刑罚执行法律监督职责，确保国家法律在刑罚执行中得到正确实施

（1）不断深化刑罚变更执行同步监督。刑罚变更执行是刑罚

---

① 调研组成员：陈维，广西壮族自治区人民检察院检察委员会原专职委员；倪业群，民革成员，广西师范大学法学院教授、硕士生导师；彭剑波，民建成员，广西大学商学院副教授；张树国，广西壮族自治区政协常委、民进广西壮族自治区委法律委员会主任；刘肖荣，民进广西壮族自治区区委副巡视员兼组织部部长；彭志鸿，中司律师事务所（广西·北京）主任、一级律师；苏金基，广西壮族自治区人民检察院法律政策研究室主任；张光成，广西壮族自治区人民检察院法律政策研究室助理检察员；曹维维；广西壮族自治区人民检察院监所检察处助理检察员。

执行活动中的重要内容。五年来，全区检察机关认真贯彻执行最高
人民检察院有关刑罚变更执行监督规定，切实强化对减刑、假释、
暂予监外执行活动的日常监督，认真落实减刑、假释、暂予监外执
行案件的逐案审查制度和职务犯罪罪犯减刑、假释及暂予监外执行
的备案审查制度，强化对计分考核、立功奖惩、病情鉴定等源头环
节的监督，积极出席减刑、假释案件庭审，不断提高监督质效。特
别是 2013 年刑事诉讼法修改实施后，检察机关刑罚变更执行同步
监督在立法上得到明确，全区检察机关以此为契机，积极探索同步
监督新举措，不断深化和完善对刑罚变更执行活动的同步监督。此
外，全区检察机关引入保外就医罪犯病情鉴定进行法医文证审查程
序，加大对暂予监外执行工作监督力度。2011 年 1 月至 2015 年 5
月，全区检察机关共审查提请减刑、假释、暂予监外执行案件
111307 件，审查减刑、假释裁定和暂予监外执行决定 90831 件，
派员出席减刑、假释法庭 9635 件，检察纠正减刑、假释、暂予监
外执行不当情形 2458 件。

（2）着力加强刑罚交付执行检察。刑罚交付执行是刑罚执行
的起始环节，全区检察机关认真履职，切实加大监督力度，严格把
好刑罚执行的"入口"关。通过加强日常派驻检察，重点检察收
监、出监活动，确保罪犯交付执行的法律文书齐全，程序合法。加
强对监狱违法拒绝收押罪犯行为的监督，督促监狱严格按照《监
狱法》的相关规定接收罪犯，严格监督看守所与监狱落实交接罪
犯的各项程序规定，避免出现推诿扯皮导致罪犯无法交付执行刑罚
现象的发生。2013 年，根据修改后刑事诉讼法对看守所罪犯留所
服刑的新规定，全区检察机关积极与公安、司法行政机关协调，联
合开展对罪犯交付执行和留所服刑专项检查活动，全面对看守所余
刑 3 个月以上的罪犯交付执行、留所服刑、收监执行以及检察监督
工作开展清理、检查，实现全区看守所余刑 3 个月以上的罪犯均交
由监狱执行刑罚，无违法留所情形。

（3）深入推进社区矫正法律监督。2010 年 5 月，广西正式启
动社区矫正试点工作，检察监督工作伴之而来。全区检察机关加强

与公安机关、司法行政机关协调配合，认真履行社区矫正监督职责，积极参与社会治理创新。我们坚持定期检察与日常检察相结合、全面检察与重点检察相结合。在每半年至少开展一次全面检察的基础上，采取突击检察、工作抽查等不定期检察方式掌握社区矫正执行机关和社区矫正人员的真实情况，促进执行机关规范执法。同时，充分发挥派驻乡镇检察室在开展社区矫正法律监督工作职能中的作用。2012 年，自治区人民检察院在制定全区派驻乡镇检察室工作职责规定时，单列一章规定社区矫正法律监督内容，以凸显社区矫正法律监督工作的重要性。全区共建立乡镇检察室 226 个，有效地协助了基层监所检察部门做好社区矫正检察工作。与此同时，我们加强与司法行政机关的沟通协作，通过开展联合检查，共同推进社区矫正深入开展。2013 年以来，自治区人民检察院与自治区司法厅联合检查组先后深入玉林、贵港、柳州等地，对社区矫正执行情况和法律监督情况进行了检查，有效地促进了社区矫正工作。此外，我们还以核查纠正社区服刑人员脱管漏管综治考评工作为抓手，坚决防止漏管、脱管和再犯罪，推进社区矫正工作稳步健康发展。

（4）积极探索财产刑执行监督。依法对人民法院执行财产刑实行法律监督，依法纠正财产刑执行活动中的违法情形。同时，加强与人民法院、公安机关、司法行政机关等相关部门的工作联系，推动将财产刑执行情况作为罪犯悔改表现情节并与减刑假释相挂钩，强化对服刑罪犯执行财产刑的监督，促进财产刑执行活动依法顺利进行。其中，桂林市积极探索财产刑执行监督模式，健全工作机制，规范监督程序，细化工作措施，构建内外结合、上下联动的工作格局，推动财产刑执行监督工作取得明显进展。其工作经验在全国检察机关刑事执行检察工作会议上得到交流。5 月，最高人民检察院在全国 6 个省（区）开展财产刑执行检察试点工作，广西成为全国首批试点单位之一。为进一步开展好财产刑执行检察试点工作，自治区人民检察院研究制定《广西检察机关开展财产刑执行检察试点工作实施方案》，并确定在桂林、梧州、武鸣、灵川、苍梧、全州等 6 个市、县检察院作为全区财产刑执行检察试点单位。

（5）切实保障被监管人员的合法权益。全区检察机关加大对被刑事执行人死亡等事件事故的监督力度，严查违法提审、违规使用警戒具、超时超体力劳动以及克扣囚粮囚款等侵犯被监管人员合法权益的问题。严格落实检察官约见、检察官谈话制度，采用入监（所）、出监（所）问卷调查、检察官信箱入监室等不同形式的被监管人诉求表达和权利救济方式。认真办理被监管人员及其亲属的控告、举报和申诉，为在押人员反映问题开辟绿色通道，依法保障被监管人员行使举报控告申诉权。充分尊重和保障律师执业权，加大对违法拒绝安排律师会见、妨碍律师依法执业等问题的纠正力度，切实维护被监管人的合法权益。2013 年，桂林市城郊地区检察院向当时的自治区第四劳教所发出要求制定十项具体落实措施防范禽流感疫情的检察建议被采纳，切实保障劳教人员的健康权。

（6）持续加强对监管活动中违法问题的监督。坚持把维护监管场所秩序稳定作为刑罚执行监督工作首要任务，对刑罚执行和监管活动中存在的不当或违法情形敢于纠正，对监管场所苗头性安全隐患积极监督，取得了良好效果。2011 年 1 月至 2015 年 5 月，全区检察机关共检察发现各类刑事执行违法情况 4928 件，书面提出纠正违法意见 3566 件，已经纠正 3533 件；检察发现各类刑事执行问题漏洞 3793 件，书面提出检察建议 1686 件，已整改 1679 件。2012 年 9 月，自治区人民检察院针对自治区第一看守所监管民警李某为在押犯罪嫌疑人提供手机打电话的违法情形，及时向自治区公安厅发出纠正违法通知书。2013 年，南宁、桂林、钦州等地监督辖区看守所建立未成年犯集中关押模式，为未成年犯提供良好的羁押环境。

（7）临场监督执行死刑工作正常有序开展。全区检察机关认真贯彻执行《人民检察院临场监督执行死刑工作规定》，加强刑事执行检察部门与公诉部门沟通、协调，切实履行监督职责，确保死刑执行活动依法规范进行，注重保障死刑罪犯的基本权利。特别是，自 2013 年《人民检察院刑事诉讼规则（试行）》修改实施以来，刑事执行检察部门承担了对死刑的临场监督工作，全区各地在开展监督工作中不断探索，在探索中积累经验、认真总结，并在总结的基础上制定了符合本地区工作实际的规范性文件，促进死刑执行临场监督工作规范、有序的进行。如柳州、梧州、玉林等地认真履行对死刑执行临场监督的职责，结合实际探索建立和制定了相关的规范性文件，取得了一定的工作经验，有效地保证了死刑执行监督工作的顺利开展。截至目前，全区检察机关在开展的死刑执行临场监督工作中尚未发现执行违法情况。

（8）积极查办刑罚执行活动中的职务犯罪。长期以来，全区检察机关将查办刑罚执行和监管活动中的职务犯罪案件的数量和质量作为衡量刑事执行检察工作取得成效的重要标准之一，不断增强刑事执行法律监督刚性。2011 年 1 月至 2015 年 4 月，全区检察机关切实发挥"以自治区检察院为主导，以市级检察院为主体，以基层检察院为基础"办案机制的作用，共立案查处刑罚执行中的职务犯罪案件 34 件，有力地维护了刑事执行活动的公平公正，提升了刑事执行检察监督权威。由自治区人民检察院监所检察处对全区涉及刑罚执行和监管活动职务犯罪案件线索实行专人负责制，将案件线索分包给处领导及办案骨干，加强案件线索摸排及重大案件督办。派员现场指导，参与案件侦破工作。充分发挥派出检察院办案主力军优势。据统计，在全区检察机关所办理的与刑罚执行相关的职务犯罪案件中，派出检察院查办案件占案件总数的 60% 以上，并协办或领办了全区较有影响的案件。其中，南宁市茅桥地区检察院办理的桂林市兴安县看守所原民警王某故意杀人案、原所长盘某妨害作证案在 2014 年被评为首届全国检察机关监所检察部门"十大精品案件"。

（9）认真办理罪犯再犯罪案件。全区检察机关坚持把打击罪犯再犯罪活动作为维护监管秩序稳定的有力手段，认真履行立案监督、审查逮捕、提起公诉、审判监督等相关诉讼监督职能以及预防和打击脱逃、牢头狱霸、破坏监管秩序等刑事执行检察监督职能。其中，南宁市茅桥地区检察院办理黎塘监狱罪犯韦某脱逃近 20 年的脱逃案，北海市两级检察院办理社区服刑人员陈某在社区服刑期间犯开设赌场案，岑溪市人民检察院办理留所服刑罪犯黄某、黎某、关某、陈某破坏监管秩序案等罪犯再犯罪案件，对打击罪犯再犯罪起到了震慑作用。

2. 强化专项检察活动和巡视检察，不断提升刑罚执行监督效果

（1）以专项检察活动为抓手，集中解决刑罚执行中的突出问题。2011 年以来，全区共开展 5 个关于刑罚执行和监管活动监督专项检察活动，纠正了一批刑罚执行活动中的违法情形，完善了相关工作机制。2011 年，自治区人民检察院组织开展监管场所戒具和禁闭使用情况专项检察，对全区看守所、监狱、劳教所的戒具和禁闭使用情况进行了全面检察，集中纠正了监管场所在戒具和禁闭使用中的突出问题，提出纠正意见 170 件、检察建议 56 件，均被监管单位采纳。广西开展专项检察活动经验在最高人民检察院电视电话会议上作发言交流。2012 年，自治区人民检察院与自治区高级人民法院、自治区司法厅联合开展"职务犯罪罪犯减刑、假释及保外就医专项检查和'老病残'罪犯刑罚执行情况"专项检查活动，清理、核查职务犯罪罪犯减刑、假释及保外就医专项检查和"老病残"罪犯刑罚执行情况，分析工作中存在的办理减刑、假释案件工作不规范、职务犯罪罪犯减刑、假释案件开庭率不高、职务犯罪罪犯"减假保"所占比例较高等问题，并提出了相应的改进意见。共对 2256 名"老病残"罪犯减刑、假释、保外就医进行核查，对符合条件但无法办理假释、保外就医的 298 名罪犯，积极提出检察建议，予以协调解决。2013 年，自治区人民检察院会同自治区公安厅、自治区司法厅联合开展对看守所交付执行、留所服刑和监狱收监罪犯等执法活动的专项检查，共清理余刑一年以上罪犯 26 人，专项活动期间提出纠正违法意见 131 人，纠正 127 人，其中纠正看守所迟延交付 116 人、看守所违法留所服刑 10 人、监狱拒收收监 5 人。保障罪犯交付执行、留所服刑和监狱收监活动的依法、顺利进行。2014 年，自治区党委彭清华书记、崔智友检察长

等领导对阳朔县看守所在押人员被体罚虐待事件作出重要批示，自治区人民检察院为此专门在全区范围内组织开展为期 2 个月的看守所监管执法专项检察活动，清理纠正发生在看守所监管活动中的各类违法情形和存在的司法不规范等可能导致司法不公和重大事故等苗头性、倾向性问题。专项检查活动期间共向被监督单位提出整改意见建议 265 件（次）。同时，在活动期间，自治区人民检察院制定印发《广西检察机关监所检察人员四项禁令》，进一步规范全区监所检察人员职业道德和纪律作风建设。2014 年 4 月起，自治区人民检察院部署开展了为期 9 个月的减刑、假释、暂予监外执行专项检察活动，全区检察机关共监督有关部门对 60 名罪犯收监执行。为强化对专项检察活动的督促指导，自治区人民检察院多次召开党组会议专题研究，崔智友检察长、卫福喜副检察长定期听取情况汇报，研究贯彻落实措施。崔智友检察长亲自带队深入全区 19 所监狱及派驻监狱检察室，对专项检察活动开展情况进行调研督查，督促各级检察院积极行动，确保各项工作部署到实处。

（2）依托上级检察院巡视检察，着力强化对监管活动和派驻检察的督促整改。2012 年以来，自治区、市两级检察院共对 137 个监管场所及派驻检察室进行了巡视检察，发现监管场所执法不当、违法情形 184 件，提出纠正 184 件，并及时督促予以纠正，全部获采纳；责成派驻检察室落实工作制度 136 件（次），完善了监督机制，强化了监督效果。2014 年，自治区人民检察院共对 6 个监管场所及其派出、派驻检察机构开展巡视检察，且每次巡视时间不少于 3 天，发现监管安全隐患、罪犯超时劳动等刑罚执行和监管活动中存在的问题 30 多项，提出的整改意见均获得采纳。与此同时，自治区人民检察院建立巡视检察工作与派驻监管场所检察室规范化动态管理相结合的工作机制，把巡视检察意见作为派驻检察室规范化等级的重要参考标准，对巡视检察中发现的监所管理、监管执法和派驻检察室工作中存在的突出问题，督促相关单位及时整改。根据规范化检察室动态管理办法，对不符合规范化检察室标准的，及时作出降低或撤销等级的决定，促使派驻检察人员增强责任意识，抓实、抓好日常监督工作。

3. 建立健全刑罚执行监督机制，不断完善刑罚执行监督规范化体系

（1）自治区人民检察院高度重视刑事执行检察机制建设，联合其他部门制定了一系列规范性文件和规章制度。如自治区人民检察院与自治区高级人民法院、公安厅和司法厅联合制定《关于律师会见在押犯罪嫌疑人、被告人有关问题的意见（试行）》，依法保障律师在刑事诉讼活动中的执业权利，规范律师执业行为和司法机关的司法行为，保障在押人员的合法权益；与自治区公安厅、司法厅、民政厅联合制定《广西壮族自治区监管场所被监管人员死亡处理办法》，加强和规范全区监管场所被监管人员死亡处理工作；与自治区高级人民法院、公安厅、司法厅共同制定了《关于办理减刑、假释案件具体应用法律若干问题的规定》，对减刑、假释案件的法律应用及开庭程序等内容作出明确规定，厘清实际工作中存在的细节问题；与自治区高级人民法院、公安厅、司法厅、卫生厅、总工会等13家相关单位联合制定《关于综合治理看守所安全管理工作的实施意见》，充分调动各相关部门积极参与综合治理看守所安全管理工作，加强对看守所监管活动的监督；与自治区高级人民法院、司法厅、公安厅制定《广西壮族自治区社区矫正工作实施细则（试行）》，明确各职能机关职权责任，突出检察机关对社区矫正各执法环节实行监督，进一步规范全区社区矫正工作。

（2）全区各级检察院积极建立健全规范刑事执行检察司法行为的长效工作机制。南宁市人民检察院、南宁市茅桥地区检察院与该市公安局、四个看守所召开联席会议，共同制定了《罪犯交付执行与留所执行工作机制》，进一步加强和规范看守所监管活动，促进了罪犯交付执行更加及时。桂林市人民检察院联合市中级人民法院制定《财产刑执行及监督工作办法》，建立财产刑执行法律文件移送备案制度和查询制度；专门制定《桂林市人民检察院财产刑执行检察监督工作办法（试行）》，进一步明确各部门职权范围，强化监所、公诉、侦监和控告申诉等部门的工作联系制度，形成合

力。梧州市人民检察院与该市中级人民法院、监狱在召开联席会议基础上，共同拟定《关于办理罪犯减刑、假释案件的若干意见》等，通过制定业务工作规则、细化办案流程、编印执法手册等，使各个司法办案环节的程序和要求具体化。

4. 全面加强刑罚执行检察机构建设，不断提升派驻检察水平，促进监督执法规范化

（1）认真贯彻落实最高人民检察院《关于加强和改进监所检察工作的决定》要求，积极加强派出检察院机构建设，精简派出检察院内设机构，充实派驻检察室一线办案力量。对于派出检察院，在满足机关工作正常运转的情况下，打破内设机构的限制，将检察人员充实到各派驻检察室，实现检力下沉。2011 年，南宁市茅桥地区检察院被最高人民检察院授予"全国检察机关监所派出检察院工作先进集体"称号。其他各基层检察院监所检察部门与派驻检察室，实行"科室合一"模式，把县区检察院监所检察科和驻看守所检察室合并，由监所检察部门负责人担任派驻检察室主任，一套人马，两块牌子，整合内设机构。

（2）以建设规范化检察室为抓手，着力促进派驻监管场所检察工作规范化。根据最高人民检察院的统一部署，每三年组织开展一次派驻监管场所检察室规范化等级评定活动，对全区所有派驻监管场所检察室的派驻检察工作情况、人员配备与机构设置情况及派驻工作条件进行全面考核。自治区人民检察院研究制定《广西检察机关派驻监管场所规范化检察室动态管理办法》，对规范化检察室实行动态管理，促进日常派驻检察工作规范有序。在 2014 年第四届全国检察机关派驻监管场所检察室规范化等级评定中，全区有12 个检察室被最高人民检察院评定为一级规范化检察室，103 个检察室被自治区人民检察院评定为二级规范化检察室，全区 98.3% 的派驻监管场所检察室达到规范化等级标准。

5. 切实加强刑罚执行检察队伍建设，着力提升队伍整体素质和监督能力

（1）建立三级人才库，积极发挥人才库人员的骨干作用。2011

年以来，建立刑罚执行检察三级人才库，自治区人民检察院建立包括业务培训、综合写作、理论研究、侦查、法医鉴定等五个门类的全区检察机关刑罚执行检察二级人才库，入库人数达 36 人，并有 13 人入选最高人民检察院刑事执行检察厅一级人才库。强化业务培训、岗位练兵、理论调研，提高监督执法水平。重点围绕执法工作规范化，加强对实务问题的培训和对新增业务的学习交流，强化刑事执行检察理论研究。2011 年以来，累计培训人数达到 600 余人次。

（2）深化职业道德教育和加强纪律作风建设。全区检察机关发扬"张飚精神"，进一步加强道德教育，提升职业荣誉感和工作积极性。同时，结合党的群众路线教育实践活动、"增强党性、严守纪律、廉洁从政"、"三严三实"专题教育和规范司法行为专项整治等活动，不断转变工作作风，严格工作纪律。2014 年，涌现了勇斗歹徒英勇负伤的北海市人民检察院监所检察科科长苏军熙，积劳成疾晕倒在法庭上的驻平南监狱检察室主任张东华等一批先进典型。

（二）当前检察机关刑罚执行监督中存在的主要问题

1. 监督意识有待进一步提高，工作理念有待进一步转变。一是业务发展不平衡，尤其是新增刑罚执行监督业务开展进度缓慢。部分单位和检察人员对刑罚执行监督的重要性认识不到位，尤其是刑事诉讼法修改后，由传统监所检察到刑事执行检察的司法理念尚未真正转变，加上缺乏现成的工作经验，导致实践中一些监督流于形式，实际效果不明显。二是监督不到位的现象仍然存在。部分派驻检察室对派驻检察工作角色定位不够准确，职责不明，重配合，轻监督。个别检察人员过多地强调加强与监管场所的配合协作，或者认为即使提出监督纠正意见，如果被监督单位不采纳也没有其他办法，对发现的问题，没有一纠到底的勇气。三是日常监督工作有待进一步规范。主要表现为数据填报不准确，备案的法律文书质量有待提高，检察建议书和纠正违法通知书等主要法律文书制作不够规范、使用不够准确，上级检察院的审查把关作用没有充分发挥等。

2. 刑罚执行监督体制机制建设需进一步统一规范。一是派驻检察室机构设置不规范。全区 120 个派驻监管场所检察室中，只有 6 个检察室是经编制部门认可并核定编制职级，其中派驻自治区看守所检察室为正处级，5 个派驻监狱检察室为正科级，其余均无定编定员。二是绝大多数市辖区检察院无专门的刑罚执行监督机构。全区 32 个市辖区检察院有 30 个未设立刑罚执行检察部门，由其他部门人员兼职负责社区矫正法律监督、财产刑执行监督等刑罚执行监督工作，影响了工作的全面开展。三是派出检察院管理关系不顺，不利于管理和业务指导。目前，广西现有的 4 个派出检察院均由市级检察院派出，业务指导由市级检察院监所检察部门负责。派出检察院内部机构设置不一，没有统一管理的标准，导致监所派出检察院的专业功能和作用未能充分发挥。

3. 刑罚执行监督检务保障工作不到位。一是派驻监狱检察室基础设施落后。绝大多数派驻检察室依附于监管场所提供的办公场所，吃、住及办公都与监管场所捆绑在一起，硬件基础较为薄弱，开展监督比较被动。二是派驻监狱检察室信息化建设滞后。全区 19 所监狱及其派驻检察室，派驻监狱检察室与监狱基本没有实现监控和信息联网，监督手段还停留在"数据靠手填、监督靠人盯"的落后状态。另外，公安机关看守所的监控和信息系统已经升级，但驻所检察室的"两网一线"建设却没有得到同步更新。

4. 刑罚执行监督队伍力量薄弱。一是"人少事多"的矛盾突出。目前，全区多个基层检察院从事刑罚执行监督工作的一般为 2 人至 3 人，"二人科"情况较为普遍。这样的人员配备，要承担对看守所、监狱等执行机关的派驻检察，工作任务已经十分繁重，对于新增刑罚执行监督业务，如财产刑执行监督、社区矫正监督等业务进展不尽如人意。二是队伍年龄老化问题严重，缺乏活力。随着监所检察部门职能的不断扩大，全区监所检察部门人员偏少且年龄偏大的问题日益凸显。据统计，全区监所检察人员中，56 岁以上的占 12% 左右，45 岁至 55 岁的占 51%。三是派驻检察有被监管单位"同化"的趋势。部分检察人员从事派驻工作时间过长，5年轮换一次的工作制度落实不到位。尤其是派出检察院的检察人员不能交流，长期在监狱、看守所等封闭的环境里工作，与管教民警朝夕相处，重配合轻监督的现象普遍存在。

5. 刑罚执行监督机制建设不完善。一是有关刑罚执行及其检察监督的法律法规不完善、不统一，尤其是刑罚执行监督法律法规大多较为原则，缺乏系统的可操作性强的具体规定，成为制约工作发展的瓶颈问题之一。如《人民检察院监狱检察办法》、《人民检察院看守所检察办法》、《人民检察院监外执行检察办法》等没有及时修订，已经不能适应新的监督需求；对纠正违法通知书、检察建议书等法律文书适应标准和程序没有明确规定；一些新增业务如财产刑执行监督、社区矫正法律监督缺乏相关规范性文件等。二是协调机制不健全，监督工作不顺畅。缺乏沟通协调机制的国家层面的设计，"监督"与"配合"关系的问题未能得到妥善处理，虽然检察机关监督积极性高并单独下发文件要求对相关工作进行监督，但是被监督单位因其上级业务部门无相关的规定而不配合或敷衍检察机关的监督。如派驻检察人员进监渠道不畅；各相关单位对新法规、新政策的理解不统一等。三是考核机制有待进一步完善。现行的考核机制多是上级机关对下级机关或派驻检察室工作上量化的要求，因人员力量的限制，主要靠下级报数据的方式考核，易造成数据虚高、监督务虚等问题，考核机制对工作的导向和促进作用发挥不够。

（三）进一步加强刑罚执行监督工作的意见和建议

1. 转变思想理念，切实提升刑罚执行监督工作水平。一是强化监督意识，切实承担起监督责任。结合"三严三实"专项教育和规范司法行为专项整治等活动，进一步转变思想，树立和践行"四个维护"有机统一的工作理念，不断强化监督的意识，坚持客观公正立场，坚守公正司法底线，把维护刑事执行公平公正作为价值追求，把维护刑事执行场所监管安全稳定作为重要任务，把维护刑事被执行人合法权益作为基本要求，把维护社会和谐稳定作为奋斗目标，切实承担起监督的主体责任。二是进一步深化检务公开，积极引入外部监督。畅通检务公开渠道，细化公开内容和公开范围。如将"罪犯考核计分公示"、"拟提请减刑、假释公示"和"检察机关监督职能"等内容向罪犯公开，向家属及人民群众公开，主动将外部监督引入减刑、假释的考核计分环节，增强刑罚变更执行的透明度。在乡镇检察室和基层司法所社区矫正办公室等地设置检务公开栏、社区矫正宣传栏，公布检察机关开展社区矫正监督工作职责、流程、办公电话及社区矫正监督内容等，使矫正人员和当地居民充分了解检察机关的职能，进一步提高法律监督的司法透明度及公信力。

2. 严格规范履职，依法全面开展对刑罚执行的监督。一是进一步规范和加强刑罚交付执行和变更执行监督，维护刑罚执行公平正义。切实运用好刑罚变更执行同步监督手段，加强对刑罚变更执行各环节的监督。进一步强化对刑罚交付执行的监督，依法纠正人民法院对被判实刑但审前未羁押的罪犯不依法收押执行、看守所对被羁押的罪犯不依法交付、监狱对被交付执行的罪犯违法拒收等突出问题。二是进一步加强和规范侵害被监管人合法权益的监督。加大对被刑事执行人非正常死亡等事件事故的监督力度，监督纠正违法提审、违规使用警戒具和超时超体力劳动等问题。充分尊重和保障律师执业权，加大对违反规定拒绝安排律师会见、妨碍律师依法执业等问题的纠正力度。充分发挥派驻检察职能作用，重点办理被监管人员及其亲属的控告、举报和申诉，及时发现冤假错案线索并认真开展调查处理，切实防止和纠正冤假错案的发生，守好公平正义的最后一道防线。三是进一步加强和规范监管场所安全防范检察，维护刑事执行场所监管秩序安全与稳定。认真加强对"重点岗位"、"重点人员"、"重点部位"和"重点环节"的安全防范检察，以零容忍的态度督促整改。通过深入实地，准确、全面掌握监管情况，及时发现安全隐患，认真监督纠正。四是进一步加强和规范社区矫正法律监督、财产刑执行监督，维护社会和谐稳定。结合正在开展的社区服刑人员脱管、漏管专项检察活动，着力解决制约社区矫正及法律监督工作中的突出问题，紧密结合核查纠正监外执行罪犯脱管漏管综治考评工作，推进社区矫正法律监督工作全面深入发展。积极开展好财产刑执行检察试点工作，创出亮点、创出经验。五是进一步加强对死刑执行临场监督。进一步完善相关工作机制，促进死刑执行工作依法有效开展。六是进一步抓好查办和预防刑事执行领域职务犯罪案件工作。强化办案意识，不断完善案件线索发现和移送机制，拓宽发现线索的渠道，提高获取案件线索的能力。

3. 完善体制机制，切实提高监督规范化水平。一是做好监所检察机构更名为刑事执行检察机构的工作。二是进一步规范派出检察院的管理。尽快理顺派出检察院的机制建制，进一步加强对派出检察院的统一管理，建立统一考评机制，着力解决派出检察院机构不全、布局不合理、管理不规范等问题。三是规范派驻检察室的机构设置和人员配备。进一步贯彻落实最高人民检察院的要求，按照同级派驻、对等监督的原则规范派驻监管场所检察室机构设置。四是进一步健全考核机制。科学制定刑罚执行检察考核考评办法，上级检察院成立督查小组，定期或不定期组织开展督查，采取自上而下的巡视检察、发现问题的考核机制，结合自下而上的量化考核，真正做到以考核促业务、鼓干劲、创佳绩。五是加强顶层制度设计。加强与政法各部门的协调沟通，在充分调研基础上联合制定操作性强的司法解释性文件，为刑罚执行业务提供详细具体的操作规程，解决制约工作发展的瓶颈问题，推动各项业务规范有效开展。

4. 坚持强基固本，切实提高刑罚执行监督检务保障水平。一是加强派驻检察室基础保障。加强与公安、司法沟通协调，将派驻检察室的硬件建设需求纳入看守所和监狱的硬件设施建设规划，在监管场所建设过程中预留派驻检察室硬件设施建设空间。同时，设法解决派驻检察室装备设施、执法车辆等方面的具体问题，落实派驻检察津贴，解决派驻检察人员工作和生活的实际困难。二是着力加强派驻监管场所检察室信息化建设。推进派驻看守所检察室监控系统升级和看守所检察信息管理系统改造工程。推动监狱监控系统和监管信息系统建设，实现派驻监狱检察室与监狱的监控联网和信息联网。推进与监狱减刑、假释网上协同办案平台建设，实现减刑、假释工作的信息化管理和跨单位协同。推动与社区矫正机构的监管信息共享平台建设，强化对社区矫正执行的同步监督。三是加强刑事执行检察队伍专业化建设。结合检察业务特点，加强岗位练兵和业务培训，进一步提高刑事执行检察人员监督能力和业务水平。强化刑事执行新规定和新形势下刑事执行检察工作专题研讨，加强不同地区刑事执行检察部门之间的交流。认真落实派驻检察人员轮岗交流制度，防止检察人员出现岗位疲劳或被同化现象。

5. 完善立法，加强对刑罚执行及检察监督的顶层设计。建议尽快制定结构合理、内容详尽的刑罚执行法典，将刑罚执行的有关规定集中化、具体化，并在法典中单列一章刑罚执行监督的内容，对刑罚执行监督作出系统的、可操作性强的规定。一是统一刑罚执行机构。改变目前由人民法院、公安机关、监狱等多头执行、机构分散的状况，由不承担侦查、起诉和审判等职责的司法行政机关负责，形成职责统一、体系完整的刑罚执行格局。二是由人民法院统一行使刑罚变更执行的权力。改变目前减刑、假释、暂予监外执行由人民法院、监狱管理机关、公安机关分头决定的状况，取消监狱管理机关和公安机关对暂予监外执行的决定权。三是制定统一的减刑、假释计分考核制度。严格规范刑罚执行机关对罪犯服刑表现的计分考核标准，为提请减刑、假释提供客观的事实依据。四是赋予检察机关刑罚变更执行程序的参与权和抗诉权。完善刑罚变更执行程序，确立监管场所提出、检察机关提请、人民法院裁定的权力配置模式，赋予检察机关对刑罚变更执行的提请权和法院审判活动的参与权。检察院认为法院减刑、假释裁定不当的，应当有权提出抗诉，不应仅限于提出纠正意见。五是赋予检察机关纠正违法通知书和检察建议书具有强制法律效力。

二、广西检察机关职务犯罪预防工作情况调研报告

为充分了解广西检察机关预防职务犯罪工作（以下简称预防

工作）发展现状、面临的困难、问题及其发挥的能动作用，为今后全区开展预防职务犯罪工作提供有效可行的意见建议，5 月 24 日至 29 日，自治区人民检察院与各民主党派广西区委、自治区工商联、无党派人士代表组成联合调研组①，先后前往北海、玉林、梧州等 3 市及其所属部分县（区），采取听取工作汇报、召开座谈会、参观警示教育基地和驻乡镇检察室、考察国有企业、与基层群众交流、查阅相关资料等形式，对 2011 年以来检察机关预防工作情况开展全面调研。同时，向全区检察机关调取了相关资料，结合此次实地调研情况，形成调研报告如下：

（一）全区检察机关开展预防工作的主要实践

2011 年以来，全区检察机关认真贯彻落实党的十七大、十八大和十八届三中、四中全会精神，贯彻落实习近平总书记关于"预防职务犯罪出生产力"的重要论断，进一步健全完善预防工作机制，不断加强预防机构队伍建设，提升预防能力，全区预防职务犯罪工作，取得了可喜的成效。2011 年至 2015 年 4 月，全区检察机关结合办案开展预防调研，及时建议有关部门健全制度、堵塞漏洞，共向有关部门提出职务犯罪预防检察建议 8461 件，被采纳7060 件；针对已发案件或存在职务犯罪隐患的单位或领域开展预防调查 8704 件，从中发现职务犯罪线索移送侦查部门立案侦查416 件，引起当地党委、人大、政府领导重视并作出批示 409 件；

---

① 调研组成员：金明华，广西壮族自治区人民检察院检察委员会原专职委员；覃解生，民盟广西壮族自治区区委社会与法制委员会主任、广西广合律师事务所副主任；覃雅兰，农工党广西壮族自治区区委调查研究部主任科员；阮子文，致公党成员，广西思贝律师事务所主任；庞建辉，九三学社广西壮族自治区区委调研室副主任；樊学康，广西壮族自治区工商联法律部副调研员；邱秀德，广西壮族自治区人民检察院职务犯罪预防局副局长；全莉，广西壮族自治区人民检察院法律政策研究室副主任；刘婷婷，广西壮族自治区人民检察院职务犯罪预防局干部；叶柳青，广西壮族自治区人民检察院法律政策研究室原工作人员。

运用典型案例以案说法，开展警示宣传教育 33485 次，当场自首或举报 142 件；为查找和分析个案或类案犯罪的原因、规律，提出防范对策，开展犯罪案例分析 7301 件；运用信息和科技手段，在政府采购、招标投标、人事管理、金融信贷等容易滋生职务犯罪的重点领域，共受理提供行贿犯罪档案查询 594859 次，并对有行贿犯罪记录的单位和个人作出相应处置。全区检察机关的预防工作水平明显提高，预防网络逐步形成，预防力度逐年加大，预防效果逐步增强，为反腐倡廉建设、经济社会发展作出了积极的贡献。

1. 加强组织领导，健全预防机构。自治区党委、自治区人大常委会、自治区人民政府、自治区政协领导对检察机关预防工作高度重视，多次对预防工作作出重要批示。2012 年 8 月，自治区人大常委会专题听取自治区人民检察院预防工作报告，组织了全国、全区部分人大代表、政协委员对全区预防工作开展巡视。自治区人民检察院党组高度重视预防工作，崔智友检察长多次指示全区检察机关要加强对预防工作的领导，健全机构，完善机制，做到预防工作全覆盖。崔智友检察长以身作则与其他分管副检察长经常深入基层调研指导预防工作。在各级领导的重视支持下，自治区人民检察院和 14 个市级检察院以及 80% 的基层检察院成立了职务犯罪预防局，全区有预防人员 210 人，占全区检察人员 2.8%；有 9 个市级检察院、40 个基层检察院成立了党委领导下的预防工作领导小组。

2. 狠抓重点领域专项预防，成效显著。2011 年以来，全区检察机关在国有企业、金融系统、工程建设以及在农村"两委"换届、新农合、危房改造、征地拆迁、食品卫生、农机购置补贴等涉农惠民领域开展专项预防，在促进预防犯罪的同时，为深化改革助力。2012 年 4 月，全区检察机关启动开展服务"千百十亿元企业工程"行动；同年 12 月，自治区人民检察院职务犯罪预防局下发了《全区检察机关预防部门服务全面深化改革的十条措施》，开展"加强预防职务犯罪、服务全面深化改革"专项工作，两级检察机关积极行动，结合实际开展各具特色的预防服务工作。自治区人民检察院认真组织在农村"两委"换届、新农合、国有企业、工程建设、金融系统、行政执法和司法等 16 个领域开展专项预防，并对全区重大预防项目进行挂牌督办。各市围绕当地经济特点，发挥特长实施专项预防。如南宁市人民检察院深入 6 家重点企业开展预防工作，并联合南宁市国资委、南宁轨道交通有限责任公司出台了《关于在南宁轨道交通工程建设项目共同开展预防职务犯罪工作的意见》，采取多种形式防范工程建设中的职务犯罪；梧州市人民检察院派出 8 个服务小组，主动为梧州工业园区等 8 个园区及企业提供法律帮助；柳州市人民检察院联手中国正义网"预防职务犯罪走进大国企"活动走进广西柳工集团有限公司开展预防工作；玉林市人民检察院加大服务经济发展力度，在供电局、烟草公司、玉柴集团等国有企业开展预防工作；钦州市人民检察院与 6 个非公经济企业签订《服务企业发展意见书》，推行《钦州市人民检察院预防职务犯罪检察约谈试行办法》；北海市人民检察院介入北海市银滩大道改建和第四届广西（北海）园博园两大重点工程项目，为工程质量安全和廉洁高效提供法律服务；崇左市人民检察院积极推进凭祥综合保税区专项预防。

3. 健全完善预防体制机制，检察建议作用突出。自治区人民检察院在继续深化现有预防工作体制机制的基础上，改革创新，完善机制，推动了预防工作能力和水平的提高。一是深化惩治和预防职务犯罪年度报告和预防专项报告制度，发挥检察建议的积极作用。2011 年以来，全区检察机关向当地党委、人大、政府、政协及有关部门报送惩治和预防职务犯罪综合报告，分析当地职务犯罪特点、发案趋势，提出预防对策的检察建议，自治区和各地党委、人大、政府、政协 506 名领导对报告作出重要批示，85% 以上的年度报告得到转发落实，推动了 128 项预防制度的出台和完善。四年多来，自治区人民检察院深入重点领域开展预防调查，形成预防专项报告，向自治区政府有关部门提出 27 条完善防控职务犯罪制度的检察建议，得到国务委员、公安部部长、自治区党委原书记郭声琨及彭清华、马飚、陈武、危朝安、黄道伟、周新建、李康、陈刚、张晓钦等自治区领导同志的批示和肯定。防城港市人民检察院对医疗卫生系统职务犯罪窝案开展调研，形成预防专项报告向市卫生局发出《检察建议》，市长何朝建、副市长王文龙作出批示，要求市卫生局按《检察建议》要求认真组织整改。二是紧密结合办案，围绕侦查部门查办的有影响的案件和专项查办工作开展个案预防、类案预防、行业预防。自治区人民检察院在发现全区农机购置补贴领域职务犯罪案件有所上升后，组织反贪、反渎、预防部门对查办的案件进行深入分析、细致研判、加强动态监测，派出预防人员同步跟进预防，通过开展调研、制定对策、提出检察建议、进行警示宣传教育等措施加强预防工作，案件发案数由 2011 年的 124 件下降到 2014 年的 1 件，推动了全区农机购置补贴工作健康发展。三是探索创新职务犯罪岗位风险评估和预警预测机制，规范推进社会化预防机制，加强调研，探索预防职务犯罪法律制度建设，积极提出建议，推动国家层面防治腐败法的立法工作。

4. 推进社会化预防和警示宣传教育，警钟长鸣。一是积极推进预防职务犯罪"进机关、进企业、进乡村、进学校、进社区"的"五进"专题预防活动，努力构建社会化预防网络。二是开展预防公益宣传。2011 年，自治区人民检察院举办了广西检察机关预防职务犯罪大型巡展，24 万多名党员干部观看了展览，社会反响强烈。2013 年初，自治区人民检察院联合广西晟鼎投资集团建设"广西检察机关预防职务犯罪宣传联播网"。全区 93.4% 的市、县（区）完成了项目的选点工作，设立户外高杆广告牌 54 个、LED 一体机 62 个。三是结合执法办案，对重大典型职务犯罪案例以及系统窝案进行剖析，通过干部培训、法制讲座、召开座谈会等方式，开展形式多样的警示教育活动。如崔智友检察长多次到党校、行政学院和权力集中、资金密集、职务犯罪易发的行业部门开展警示教育。2013 年 11 月 7 日，崔智友检察长到玉林市博白县旺茂镇与农村"两委"人员座谈，发放自治区人民检察院职务犯罪预防局制作的《预防农村"两委"人员职务犯罪》手册。四是建立起预防职务犯罪警示教育基地 150 个，年均 10 多万名区内外党员干部到基地接受教育。鹿寨县黄冕林场、那坡县、恭城县警示教育基地被评为全国检察机关"百优"警示教育基地;自治区人民检察院、来宾市人民检察院等一批教育基地在建设中;贵港市人民检察院警示教育基地自 2013 年建成启用以来,共接待约 500 个单位 14800 多名党员干部参观。五是举办以预防职务犯罪为主题的动漫作品、宣传短片、公益广告、摄影作品、微电影大赛,并广泛动员各会员单位、社会公众参与。其中 6 个市和 12 个县的检察院以及 8 个相关单位的预防公益宣传作品先后获得最高人民检察院或司法部的表彰。南宁市人民检察院制作预防职务犯罪话剧《金钱草》在全市巡回演出;崇左市人民检察院和百色市人民检察院以唱山歌形式、桂林市永福县人民检察院以大篷车下乡开展预防宣传。

5. 打造预防工作精品,实践创新亮点纷呈。自治区人民检察院结合广西特点,突出创新特色,打造预防精品、亮点。2011 年以来广西检察机关预防业务工作多年均位居全国检察机关前 7 位,45 个预防项目得到全国表彰,20 项预防工作经验在全国推广。2011 年全国首届检察预防业务评选中,马山县人民检察院关于预防农村危旧房改造中职务犯罪的《检察建议》被评为全国"十佳"检察建议。2012 年,自治区人民检察院职务犯罪预防局被评为区直机关作风效能建设示范单位。2013 年,广西民政系统根据检察建议建立全国首家信息核对平台,确认不符合低保政策 8000 多人,避免了国家巨额扶贫资金损失,促成了全国民政系统预防工作会议于 2014 年 10 月在南宁召开。自治区人民检察院、广西民政厅在会上作了经验介绍。2014 年,在全国检察机关首届惩治和预防职务犯罪综合报告评比中,广西检察机关有 6 篇报告获奖,其中,自治区人民检察院、玉林市人民检察院分别获"十佳年度报告",崇左市江州区人民检察院获"十佳提名年度报告",南宁市人民检察院、贵港市人民检察院、金秀县人民检察院分别获"优秀年度报告",全区获奖总数以及自治区人民检察院的年度报告得分均居全国第一名。

(二)在预防工作中面临的主要困难和问题

通过调研发现,全区检察机关开展预防工作虽然取得了一定的成绩，但也存在一些问题和困难。

1. 认识上还存在偏差。虽然中央和自治区党委强调反腐败要坚持"惩防并举，注重预防"，但一些地方对预防工作认识不深、行动不够。如自治区人民检察院联合广西晟鼎投资集团建设"广西检察机关预防职务犯罪宣传联播网"，作为"讲文明树新风"的内容在县、市、区全面铺开，新型的广告展播形式和广泛的覆盖面引起了党委、人大、政府、政协的高度关注和好评，也得到了社会各界的充分肯定。但在一些地方，政府及相关职能部门以布局不合理、经济利益协调困难等各种理由拖延项目建设，导致工作进展缓慢。部分基层检察院领导及检察人员存在重打击轻预防的观念。

2. 基础薄弱，人员经费不足问题突出。一是人员少。目前全区尚有 7 个检察院未设立预防机构，专职预防人员数低于全国乃至西部地区平均数，预防人员占检察人员比例居全国倒数第 5 位。基层检察院约有 50% 的预防人员身兼数职，如柳州市 10 个基层检察院，有 5 个院预防人员是兼职；北海市两级检察院预防人员 9 人，专职 3 人，6 人兼职；玉林市福绵区人民检察院仅由一名辅警从事预防工作。二是预防人员换岗频繁。百色市 12 个基层检察院，2014 年有 5 个基层检察院对预防人员进行调整，2015 年又有 7 个基层检察院预防人员换岗。三是预防人员年龄偏大，身体状况较差。如河池市两级检察院配备预防人员 23 人，11 人年龄在 50 岁以上，占 47.8%。人员偏少，年龄偏大、身体差、队伍不稳定、新手多、业务不熟，造成了地区间预防工作发展的不平衡，也致使部分地区预防质量效果欠佳。此外，基层检察院预防经费保障不足，也制约了预防工作开展。

3. 创新不足，手段单一，评价机制欠科学。一是对预防工作如何适应新形势的变化，探索有效的预防体制和制度，缺乏深入的思考。二是开展预防工作方法单一，一些地方仅局限于预防调查、检察建议、警示宣传讲座、播放警示教育片等老方法，缺少吸引力和新鲜感。三是在犯罪控制理论和犯罪心理学应用方面缺乏研究，对预防工作前瞻性、基础性理论研究的力度和深度不够。四是缺乏科学的考评和激励制度。与反贪、反渎、公诉等业务部门相比,预防部门尚未建立科学、统一的基础业务考核指标,主要表现在预防工作内容不稳定,开展预防工作的程序性和标准不统一,业务考核具有随意性,影响了预防工作的实效。

4. 社会及检察机关各部门参与度不够,没能完全形成预防合力。全区形成了当地党委领导下的社会化大预防网络,并把各行业的主要部门都纳入了大预防格局,但预防合力作用发挥得还不充分。究其原因主要是宣传力度不够、制度不落实、责任不明确,导致一些党政机关、企事业单位的党员干部甚至是领导干部认为预防工作事不关己。全区仅有南宁市、宜州市等少数市、县把预防工作纳入党委政府年度绩效考评。

5. 预防腐败法制建设滞后,影响了预防工作深入发展。我国没有一个统一的、较完善的预防工作法律法规,各地预防工作标准不一,目标、责任、义务不明确,阻碍了预防规范化建设,影响了预防质效的提升。检察机关开展预防工作主要以"检察建议"的形式提出,但由于其本身不具有强制效力,实践中当有些单位应付了事、不予采纳时,没有更进一步的保障措施,影响了预防效果的实现。

(三)加强检察机关预防工作的对策建议

预防职务犯罪,是筑牢反腐防线的关键、是全区法治建设的重要内容。因此,必须不断创新检察机关预防职务犯罪的载体和形式,通过强化专业化预防队伍建设,强化廉政教育平台建设,强化网格化预防体系平台建设,强化服务经济社会发展大局功能,为经济社会发展营造风清气正的政务环境。

1. 进一步提高全社会对预防工作重要性的认识。在全社会广泛宣传国家反腐倡廉的各项部署要求,让人民群众和社会各界充分了解职务犯罪的严重危害,促进全社会提高对预防职务犯罪重要性的认识,形成合力预防职务犯罪的共识。特别是各级领导干部要从讲政治、讲大局的高度,充分认识做好预防工作的极端重要性,切实把预防工作纳入党委领导的惩防腐败体系整体格局之中,纳入各级党政机关、企事业单位绩效考评之中，纳入各单位和个人的工作责任目标范围之中。在党委的统一领导下，党政齐抓共管，部门各负其责，动员和依靠社会各界和人民群众的支持和参与，扎扎实实地做好预防工作。

2. 突出预防重点，服务保障改革发展大局。要根据全区经济社会发展新常态的需要，结合执法办案，最大限度地从源头上减少和预防破坏、扰乱、影响改革发展大局的职务犯罪，切实保障自治区党委关于全面深化改革、全面推动广西法治建设的决策部署和目标要求的落实。建议在继续推进原有重点项目专项预防的同时，加大力度实施专题预防。如开展"一带一路"战略协助专题预防，加强"一带一路"建设带来的基础设施、金融合作、生态保护、投资贸易等领域廉政风险预测预警和防范，优化服务经济发展格局。加强"行业预防"。针对当前职务犯罪系统内发案多、窝案多、串案多、具有"塌方式"腐败的特点，加强重点行业的预防调查，分析犯罪动机、心理、原因，以及体制机制漏洞和岗位风险，提出预防对策，督促和推动发案单位和有关部门建章立制，推动防范腐败的制度设计，消除滋生腐败的体制弊端。

3. 开展形式多样的警示宣传教育，推进预防文化建设，形成社会预防合力。一要深入开展预防工作"五进"活动，做到预防警示宣传教育工作全覆盖。其中要大力推进预防职务犯罪工作进党校、进行政学院、进干部学院；加强警示教育基地规范化建设，现有的基地要充实提升，正在建设的基地要加快建设进度，尽快投入使用。二要推动预防公益广告"进媒体、进楼宇、进商圈、进机场、进车站、进路边、进彩信、进微博"。继续推进广西检察机关预防职务犯罪宣传联播网建设。三要加强以预防为主题的宣传短片、公益广告、摄影作品、影视作品、廉政书画、戏剧、文艺汇演等的创作，以多种形式开展预防工作，不断丰富预防文化内涵。

4. 创新预防模式，提高质效打造预防新亮点。检察机关要在预防精力、人力、财力十分有限的情况下，创新发展模式，不断提升预防质量和效果，打造广西品牌和全国新亮点。一要按照自治区党委关于全面推进广西法治建设的意见要求,认真履行预防职能,紧紧围绕建设法治政府来开展工作。二要围绕平安广西建设开展预防。加强与相关行政单位、行业管理部门联系,积极推动在行政管理、社会治理、招标投标、工程建设等领域开展行贿犯罪档案查询文件的出台,推动非罪行贿行为的查询与应用。大力推进预防工作进民营企业、非公经济组织。认真总结推广全区村(社区)"两委"人员换届选举专项预防工作经验,消除农村(社区)等基层组织人员预防空白;借鉴推广玉林市博白县人民检察院派驻旺茂镇检察室工作经验,把职务犯罪预防的触角延伸到基层。三要探索创新预防模式。开展个人预防、家庭预防和青少年预防教育模式,加强对职务犯罪心理特点研究,构建职务犯罪制度性心理预防机制。四要深化惩防年度报告、专项报告、检察建议等工作,提高报告和检察建议的质量,做好成果的转化和运用工作。五要发挥查办案件的特殊预防功能,打防结合,同步发展。

5. 强化法治思维和法治方式,推动预防法治化建设。推动我区机关尽快完善检察预防建议立法,明确规定被建议单位的答复义务与办理期限,对检察建议的反馈时限、程序等事项予以明确和规范,提升检察预防工作法律性及权威性。推动各级政府尽快建立健全检察建议工作管理考核机制,并将建议落实反馈情况纳入依法行政的绩效考核体系范围,切实抓好惩防年度报告、专项报告、检察建议的落实和跟踪督查、回访考察,强化检察建议反馈强制机制,做到"一建议,一反馈",对涉及数个部门的建议主办部门应协同有关部门共同研究反馈,从根本上解决反馈和落实建议"无回声、少回声"问题,助推法治政府、法治社会建设。要深化职务犯罪预警预测机制,建立预防信息库,加强职务犯罪风险评估和预警预测;完善预防"一体化"机制,即检察机关上下级预防工作纵向的"一体化"和检察院内部的横向"一体化",重点要加强侦防一体化机制建设;加强立法调研,提出建议推动反腐败国家立法,自治区人民检察院要推动由自治区人大常委会组织开展《关于加强预防职务犯罪工作的决议》执法落实情况大检查。

6. 大力推进预防机构队伍建设，提升团队综合素质。检察预防需要一支政治素质高、综合能力强、结构相对稳定的队伍。针对目前预防队伍人员少、年龄大、兼职多，现有人员缺乏创新型的思路、方法和措施等不足，建议大力推进预防队伍建设。一要增加编制，落实组织机构人员。正视反腐败工作不断增加的压力，建议各级党委、政府在严控行政编制的情况下，尽可能适当增加部分检察机关事业编制，以缓解检察人员不足的难题。检察机关也要主动向党委、人大、政府报告，争取支持。在现有条件下，尚未设局的检察院要尽快建立职务犯罪预防局，并确保各级预防部门必要人员的配备和稳定，每个基层检察院职务犯罪预防局至少应配备 1 名专职预防人员。二要加强业务指导和培训。上级院要加强业务指导，加强业务培训，可通过组织经验交流会、到区内外向先进单位学习，加强各级院的合作与交流等形式，提高预防人员的专业素质和工作能力水平。三要完善预防工作绩效考评考核制度，完善奖励、激励机制，提高预防人员工作积极性。

三、广西检察机关预防惠农扶贫领域职务犯罪专项报告

近年来，国家不断加大惠农扶贫政策扶持和专项资金①投入，我区农村经济社会健康发展、农民持续增产增收、扶贫开发成效明显。与此同时，一些地方对惠农扶贫工作重视不够，对惠农扶贫资金监管不到位，贪污、挪用专项惠农扶贫资金和利用惠农扶贫资金审批权收受贿赂等职务犯罪案件时有发生，涉及贫困家庭的"扶贫款"、农村低保户的"养命钱"、新农合的"救命钱"、农业保险

---

① 本报告所指惠农扶贫专项资金与最高人民检察院部署开展的惩治和预防惠农扶贫领域职务犯罪专项活动对应，专指用于农村经济社会发展的各类财政专项资金，包括农民补贴补偿资金、农业生产发展资金、农业生态修复和治理资金、农村社会事业及公共服务资金、扶贫开发资金以及其他类的资金等。

的"救灾钱"等，使国家惠农扶贫政策实施效果大打折扣，严重损害了人民群众的合法权益。在全区各级"两会"上，不少代表委员对此提出意见建议。为了有效预防和减少惠农扶贫领域职务犯罪发生，更好地实施全区检察机关"惠农扶贫资金到哪里，预防职务犯罪就跟进到哪里"的专项预防行动，保障新时期"三农"和扶贫工作政策措施的落实，自治区人民检察院于9月至12月组织专门力量就惩治和预防惠农扶贫领域职务犯罪情况开展调查。调研组走访了市县两级检察院，深入乡镇站所、村居委会、社区服务中心、扶贫开发项目点等，与当地纪检监察、发改、财政、农业、水利、审计、扶贫、移民等惠农扶贫主管、监督部门座谈交流，并听取自治区有关惠农扶贫主管单位意见和建议。在此基础上，结合司法办案，对2013年以来我区检察机关查办和预防惠农扶贫领域职务犯罪基本情况、发案原因、特点规律等进行分析，就存在的职务犯罪隐患提出预防对策建议，形成本专项报告。

（一）我区惠农扶贫政策实施基本情况

据统计，2013年、2014年、2015年，中央及自治区累计投入惠农扶贫资金分别为657.19亿元、690.55亿元、866.76亿元，共计2214.51亿元（中央、自治区级累计投入分别为1687.89亿元、526.62亿元）。其中，2013年、2014年、2015年扶贫开发投入分别为26.04亿元、31.06亿元、43.42亿元，合计100.52亿元（中央、自治区本级、市、县级以下的扶贫开发投入分别为72.97亿元、19.17亿元、5.12亿元和3.26亿元）。通过持续加大惠农扶贫资金的投入，推动了我区农业现代化建设，贫困地区生产生活条件逐步改善，民生和社会保障水平不断加强，惠农扶贫政策成效明显。

（二）查办和预防惠农扶贫领域职务犯罪工作情况

1. 围绕中央和自治区部署，主动服务惠农扶贫工作。全区检察机关密切关注经济形势的新变化、新特点和惠农扶贫领域部署，主动服从服务于扶贫开发大局，落实全区各级党委政府部署的定点帮扶任务，2015 年全区检察机关选派 132 人到农村基层党组织担任第一书记、选派 635 名精准扶贫工作队员驻村入户参与精准识别等工作，同时充分履行法律监督职能，及时制定进一步发挥检察机关查办和预防职务犯罪职能作用、积极有效服务经济发展新常态的具体工作措施，坚持惠农扶贫资金发放到哪里，检察监督就跟进到哪里，按照宽严相济、惩治少数教育挽救多数、惩防并举的原则，综合运用打击、预防、监督、教育、保护等措施，从有利于农村社会和谐稳定和经济社会发展出发，加大对惠农扶贫政策资金"最后一公里"的法律监督，为扶贫开发工作提供有力司法保障。

2. 突出工作重点，集中查办惠农扶贫领域职务犯罪案件。近年来，全区检察机关始终高度重视依法惩治和积极预防惠农扶贫领域职务犯罪，保障和促进惠农扶贫工作，先后部署查办危害民生民利渎职侵权犯罪、查办涉农职务犯罪、查办发生在群众身边损害群众利益职务犯罪等专项工作。2015 年，全区检察机关进一步聚焦惠农扶贫领域，专门部署了集中惩治和预防惠农扶贫领域职务犯罪专项工作，保障惠农扶贫资金安全使用，促进"三农"和惠农扶贫政策措施落实。重点查办了发生在支农惠农财政补贴、农村基础设施建设、农村社会事业等领域中的职务犯罪案件，第一时间介入调查马山县扶贫事件背后的渎职犯罪，积极回应人民群众的反腐新期待。2015 年共立案侦查惠农扶贫领域职务犯罪案件 457 件 590 人，占当年立案总人数的 32.05%，通过办案为国家挽回直接经济损失达 2.1 亿元。

3. 惩防并举，积极开展惠农扶贫领域专项预防。在查办惠农扶贫领域职务犯罪案件的同时，同步出台全区检察机关预防精准扶贫领域职务犯罪工作意见，部署开展"保障和改善民生，促进惠民扶贫政策落实"专题预防活动，对财政专项扶贫、危房改造、农村低保等 32 个重点惠农扶贫领域开展精准预防，并与自治区扶贫办在扶贫开发领域建立预防协作配合机制。结合司法办案分析惠农扶贫领域项目申报、审核审批、发放管理、检查验收、项目实施等职务犯罪易发环节的隐患和制度漏洞，及时向有关部门提出预防职务犯罪检察建议。同时综合运用预防宣讲、案例剖析、播放警示教育片、发放预防读本、预防告诫和预防约谈等形式对惠农扶贫主管部门、乡镇站所及农村"两委"等重点国家工作人员开展警示宣传教育 3127 次，受教育人数达 83496 人次，进一步筑牢惠农扶贫领域国家工作人员拒腐防线。

4. 加强源头预防，推动惠农扶贫领域惩防体系完善。全区检察机关紧紧抓住惠农扶贫资金项目申报、审核审批、发放管理、检查验收、项目实施等关键环节，采取预防调查、检察建议、专项报告等手段，推动有关部门在惠农扶贫领域关键环节专项整改 45 次，完善有关制度 20 余项。上林县人民检察院以检察建议推动县委、县政府完善扶贫资金管理制度，建立了全县涉农专项资金由县财政局统一保管，涉农项目组织实施前统一公示，县直有关部门统一组织验收的资金监管模式，改变了以往扶贫专项资金在扶贫系统一家运作的状况。自治区人民检察院通过检察建议推动农机购置补贴结算方式改革，完善相关廉政风险防控制度，2014 年至 2015 年两年间，该系统职务犯罪案发人数仅 4 人（而 2011 年案发人数高达114 人）。武宣县人民检察院通过预防调查和检察建议，推动有关部门出台村干部"微权力"清单管理制度，厘清村干部 6 大类 30项让村民"看得见"、"能监督"的村务"微权力"清单，进一步规范村干部在惠农扶贫领域的权力行使。自治区人民检察院开展的农村"新网工程"（新农村现代流通服务网络工程）专项预防及提出的检察建议促使全区供销系统对"新网工程"资金使用管理情况开展专项检查，推动自治区供销社建立与完善专项资金管理规范和操作指南，并启动项目储备库建设。

（三）惠农扶贫领域职务犯罪特点

2013 年 1 月至 2015 年 12 月①，全区检察机关共立案侦查惠农

---

① 部分案件犯罪嫌疑人作案时间在 2013 年之前，被立案查处时间在2013 年 1 月之后。

扶贫领域职务犯罪案件 1145 件 1423 人，占同期立查职务犯罪人数的 26.31%。其中，贪污贿赂犯罪案件 849 件 1103 人，渎职侵权犯罪案件 296 件 320 人。惠农扶贫领域职务犯罪案件主要表现为以下特点：

1. 易发多发高发。2013 年至 2015 年查办的惠农扶贫领域职务犯罪人数分别占同期职务犯罪立案总人数的 23.95%、27.38%、32.05%，立查人数和占比均呈逐年上升趋势。据不完全统计，在近年来全区实施的 150 余类具体惠农扶贫项目中，已发生职务犯罪案件的就有近 60 类。中央巡视组对我区进行意见反馈，其中一条就是基层干部"苍蝇式"腐败问题明显，惠农扶贫资金腐败占了相当大一部分。

2. "两委"成员和乡镇基层干部涉案多。村（社区）党支部书记、村（居）委会主任、村会计、村出纳等"两委"成员和村民组长等村组干部和农民直接打交道，是惠农扶贫资金申请的前哨和资金发放的末端，成为主要涉案群体，2013 年至 2015 年该类人员占惠农扶贫领域职务犯罪案件总人数的 43.78%。此外，乡镇干部（包括派驻站所工作人员）作为连接农村基层干部和县直资金审批部门的重要人群，其意见往往能成为决定惠农扶贫资金具体受益人的重要因素，成为职务犯罪的另一重点人群，占惠农扶贫领域职务犯罪案件总人数的 13.49%。

3. 涉及领域广泛。惠农扶贫资金量大、涉及部门和环节多，只要是有惠农扶贫资金的地方就有职务犯罪风险。从具体资金来说，农民补贴补偿资金、农业生产发展资金、农业生态修复和治理资金、农村社会事业及公共服务资金、扶贫开发资金以及其他惠农资金类涉案人数分别占 36.28%、30.33%、8.09%、13.57%、8.61%、3.12%。其中，涉农土地征用拆迁、危房改造、涉农基础设施建设（如农村人饮工程、农村土地整理工程等）、社会保障、种粮补贴是案件高发区。

4. 发案环节相对集中。惠农扶贫领域贪污贿赂犯罪主要集中在项目和资金的申报登记、审核审批、资金管理使用、项目验收 4

个环节，分别占该领域贪污贿赂犯罪立案数的 7.38%、16.41%、48.23%、18.96%；惠农扶贫领域渎职犯罪则主要集中在资金管理和使用、项目审批和实施、项目验收 3 个环节，分别占该领域渎职犯罪立案数的 37.69%、21.08% 和 31.74%。

5. 窝案串案较为突出。许多犯罪嫌疑人尤其是村镇干部互相结成利益共同体，上下串通，共同骗取惠农扶贫资金，往往是突破一案，带出一串，端掉一窝。如天峨县某镇原副镇长 A 某伙同 8 名村"两委"人员相互勾结，共同虚报套取危房改造补助资金 26 万余元私分，在当地引起恶劣影响。此外，部分惠农扶贫项目由于监管制度和机制不完善、资金量大等原因，容易滋生集体腐败，甚至引发"塌方式"腐败。如在实施农村人饮工程项目中，全区市、县（区）仅水利局领导班子就有数十人因涉嫌职务犯罪问题被立案侦查；在土地整理开发项目中，全区也有数十名国土局局长、副局长、土地整理开发中心主任及副主任被检察机关立案查处。

6. 社会影响恶劣。惠农扶贫领域职务犯罪都是发生在群众身边、直接损害群众利益的行为，犯罪危害巨大、社会容忍度低、人民群众反响强烈，影响基层群众对党和政府的评价，严重削弱党在基层的执政基础。近年来部分地区农村社会矛盾越来越多，干群关系紧张，群体性事件时有发生。其中一个不容忽视的重要原因就是惠农扶贫资金分配不公、惠农扶贫领域职务犯罪多发高发。群众"不患寡而患不均"，"村看村，户看户，群众看干部"，这么多干部出问题，而且往往还是一查一串、一挖一窝，农民不可能没有意见，部分地方群众对基层干部的不信任感容易逐渐泛化成普遍的社会心理，直接削减了党和政府在基层的权威。如梧州市某镇在发放砂糖桔扶贫项目肥料补助实物，因部分贫困户没有领到化肥，而一些有小汽车、在城里有商品房、家属为财政供养的村民却获得了扶贫物资，造成部分村民不满，直接到当地党委政府办公地集体上访。

（四）犯罪原因和职务犯罪隐患

1. 惠农扶贫资金管理分散。虽然近年来国家和自治区不断加大惠农扶贫项目的整合力度，但在实际操作中资金整合难度大，整合积极性不高，一些自治区部门对惠农扶贫资金的安排仍然以具体项目落实到县，造成政出多门，多头管理。据统计，2013～2015年，在我区实施的惠农扶贫资金就有 6 大类 150 多项（其中，中央、自治区组织实施的有 112 项，另有 40 余项为地市、县级自行设置），每年涉及的资金规模 800 多亿元。这些惠农扶贫资金的分配使用和管理涉及众多部门，一些部门内部还分设若干单位分管不同类别的惠农扶贫资金。由于各部门的管理目标和要求不同，加之部门之间的沟通协调不够，导致不同来源的惠农扶贫资金投入在使用方向、实施范围、建设内容、项目安排等方面有相当程度的重复和交叉，各自为政，难以形成合力和发挥整体效应。以财政专项扶贫资金为例，目前我区有发展资金、以工代赈资金、易地安置搬迁资金、民族发展资金、贷款贴息资金、中央彩票公益金、小额信贷资金等，这些资金的来源、分配从中央到地方由财政、发改、扶贫、民族等多个部门分别管理，各部门对资金使用方向、原则、程序和管理方面都有部门的具体要求，部门之间在资金分配和项目安排上缺乏沟通协调，致使有些资金和项目与交通、水利、林业、水产、畜牧业、农业综合开发等项目在使用方向、实施范围、建设内容等方面存在重复和交叉甚至相互矛盾。如对脱贫人口是否继续享受扶持政策，自治区政府的桂政发〔2014〕32 号文件和自治区扶贫办桂开办发〔2015〕16 号文件规定不一致；自治区政府规定 20万元以上（2014～2015 年）建筑物施工需要进行招投标，但财政厅的专项扶贫资金管理办法却规定 50 万以下可以以受益群众为实施主体的民办公助等方式补助而不进入招投标程序。这类问题导致监管力量难以有效对所有项目实施精细化监管，使得惠农扶贫领域职务犯罪的实施有可乘之机。

2. 财务管理不规范。一些县级部门和乡镇财务管理粗放化，没有严格按照惠农扶贫资金使用范围、使用程序等管理相关资金，没有达到专款专用的要求，资金安全难以保障。如藤县大黎镇、宁康乡在扶贫村道建设中，乡镇政府均是与村委会签订施工合同的，但却把工程款直接支付给个人；蒙山县某镇没有采用规定的转账方式而是以现金形式直接将超过 5 万元的大额扶贫工程资金发放给有关单位和个人，使扶贫资金游离于监管之外。又如，审计部门对全区 29 个国家扶贫开发工作重点县 2013 年至 2014 年财政扶贫资金审计中发现（以下简称"审计发现"）：有 8 个县 12 家单位（部门）将有关公司返还的推广费、虚列费用套取的财政扶贫资金和在培训中的乱收费等违规设立"小金库"，用于单位支付行政费用和发放职工津贴补贴、接待等。部分单位私设"小金库"、挪用、挤占专项资金等不规范的财务管理初衷并非为了犯罪，但却使得国家资金游离于有效监管之外，极易激发单位内部职工的贪腐心理，容易诱发职务犯罪。如德保县某单位原聘用制会计 B 某在 2012 年至 2013 年间利用职务便利和单位财务管理漏洞，通过虚列预付工程款等形式挪用扶贫资金 139.95 万元，用于个人对外发放借款，同时还采用重复报账虚列支出等手段骗取扶贫资金 8.5 万元占为己有。

　　3. 地方财政经费保障不足，容易贪污和挪用专项资金。按照惠农扶贫资金管理办法，中央、自治区下达资金后，市和县一般都要按照一定比例配套，但由于部分市县财力所限，或重工业发展轻农业投入不愿对农业项目安排配套资金，导致相应配套资金没有跟上，影响了惠农扶贫政策的实施效果，甚至个别地方和部门还盯上已下达的惠农扶贫资金，或资金超范围使用，或挤占挪用，或套取截留，蕴含较大职务犯罪隐患。如平南县某单位曾将扶贫科技推广及培训费 10.51 万元用于该单位工作人员 2010 ~ 2012 年考察学习支出；崇左市某单位挤占财政专项扶贫资金农民实用技术骨干培训经费 12.07 万元用于对村"两委"人员培训。审计发现：有 14 个县在实施产业化扶持、以工代赈、易地扶贫搬迁工程等项目过程中，地方应配套的资金未能及时足额配套到位；有 23 个县违反财政扶贫资金使用规定，将财政扶贫资金用于单位办公经费、招待费以及非扶贫项目，甚至用于个人营利或给相关部门领导请客送礼等支出；有 5 个县在年末违反预算法将财政扶贫资金从国库转到扶贫专户，但实际并未支出。

4. 监管责任落实不到位。一是基层监管薄弱。大部分惠农扶贫政策实施都要经过乡镇，乡镇在业务上接受区县职能部门指导，但人事、党务却属乡镇当地管理，许多事务很难区分属于条线管理还是地方管理，造成彼此协调配合不够，事实上已形成监管的薄弱点甚至空白点，为职务犯罪留下空间。如北流市某镇村镇规划建设管理站原站长 C 某伙同该站及该镇村干部 5 人利用监管的空缺，不仅伪造材料申报骗取危房改造补助，而且还在收取好处费后为195 户不符合补助的农户获得补助，造成国家危房改造补助资金被骗 340 多万元，乡镇和县直主管部门却没有及时发现其犯罪行为。二是监管手段落后。目前对惠农扶贫资金的监督检查还是以事后检查为主，缺乏事前、事中的监管手段和方法，对一些风险点控制不及时，容易形成监管漏洞。如在财政扶贫资金监管中，我区目前尚未建立起成熟的扶贫资金管理和使用情况动态监管系统，上级部门无法及时获知扶贫资金发放的实时数据和相关信息，也无法实时与建档立卡信息系统的贫困户信息进行对比，监管效果大打折扣。三是监管力量不足。惠农扶贫资金安排和项目管理链条长、环节多、专业性强，由于监管力量不足，导致监管范围有限、深度不够、效果不佳。如在农村低保补助方面，某市共有 236 人承担调查核实工作，但如果按照在自受理低保申请之日起 10 个工作日内对申请人家庭经济状况和实际生活情况进行 100% 调查核实，那么每人每天必须调查核实 195 人，核查力量明显不足。再如，在扶贫机构设置和人员配备上，自治区扶贫办仅有 81 名编制（含事业编）、7 个内设机构、3 个下属事业单位，均少于同为扶贫脱贫重点省份的贵州、云南、甘肃、宁夏、四川等。同时不少县级扶贫机构和人员队伍也有所弱化。由于专职扶贫人员偏少，扶贫项目和资金的投放、监管难以达到精准化管理的要求，与精准扶贫、精准脱贫存在较大差距，容易发生违法违纪违规行为。四是监管责任问责落实不到位。目前我区还没有制定违规使用惠农扶贫问责办法，对管理不到位造成扶贫资金被挤占挪用、损失浪费的责任单位和责任人问责较少，只强调"整改纠正、今后按有关规定执行"，或者只处理挤占挪用资金的个人，而对负有监管责任的单位和个人问责较少，导致一些惠农扶贫资金损失浪费严重，类似职务犯罪行为在同一地区、同一部门屡查屡犯。

5. 依法全面履职意识不强。一是资金重发放轻管理。一些地方和部门工作中重项目资金争取，轻使用管理的观念还没有从根本上转变，认为只要争取到项目、完成资金拨付就大功告成，缺乏过程控制和后续监管，为惠农扶贫资金被挪用、侵占、贪污等提供了可乘之机。如马山县某单位工作人员 D 某、E 某在争取到中高职贫困生"雨露计划"和"扶贫到户贴息贷款"扶贫项目和资金后，在项目实施阶段不认真履行审核义务，凡是申请的都给予批准，并超越职权违法决定，致使 1188 名不符合条件的学生获得资助、1484 户不符合条件的农户享受贷款贴息，共造成国家财政专项扶贫资金损失 200 万余元。二是全面履职意识不高。部分基层国家工作人员日常事务繁杂，对惠农扶贫资金的管理往往依靠习惯、经验办事，缺乏按法律和制度办事的理念。有些乡镇（街道）审批部门以"询问"代替"入户调查"、以"签字盖章"代替"组织评议"、以"指示村、屯干部查看"代替"实地定期复核"，县（市、区）审批部门则以"电话审查"代替"监督检查"。有的甚至丧失了廉政底线，在收受他人好处费之后滥用职权、玩忽职守，造成国家惠农扶贫资金被冒领、项目不能按计划通过验收等损失。如钟山县某镇村镇规划建设站原站长 F 某在收受他人 4.27 万元好处费后，在农村危房改造工程项目实施的申报、审批、检查验收过程中严重不负责任，导致农田保护区被非法建房、明显不符合补助条件的农户得到了危房改造补助款，国家危房改造补助资金损失101.69 万元。三是廉洁意识欠缺。基层干部尤其是农村"两委"人员，其收入较低，政治待遇上又存在"天花板效应"，心态容易失衡，觉得在位时不拿一点对不住自己。如马山县人民检察院查办的村"两委"人员 G 某等人受贿案中，G 某等人不但向获得危房补贴的农户索取"辛苦费"，还不断向农户索取鸡、鸭、羊、猪等物品。64 岁的村支书 H 某归案后交代："反正我当村干部也没多长时间当了，不能太吃亏。遇到一个实在拿不出钱又想申请危房改造补助的农户，我就要了他两头猪。"此外，有的基层干部平时事务性工作较多，接受的法制教育、廉政教育较少，廉洁自律的意识相对薄弱，甚至认为请客送礼替人办事"天经地义"，能显现自己"本事大"、"门路广"，不把犯罪当犯罪。如灌阳县某乡原村支书 I 某因向危房改造补助农户索取"好处费"被检察机关立案查处时，竟拿出与村民签订的"自愿给予村干部辛苦费"协议，认为自己的行为是按协议办事不是犯罪。

6. 资金运行透明度不高。一是政策宣传不到位。一些基层干部正是利用惠农扶贫政策宣传不到位或人为故意隐瞒造成的信息不对称等漏洞，通过巧立名目、截留克扣、虚报冒领等方式瞒天过海，逃避监管、欺骗群众。如陆川县某镇村镇规划建设管理站集体开会讨论决定，在协助政府办理危房改造的过程中，利用村民对政策的不熟悉，以收取照相费为由向多位获得危房改造的农户非法索取好处费共计 20.98 万元用于账外办公经费开支。二是村务公开难以全面落实。村务公开是基层群众行使知情权，加强对惠农扶贫资金监督的重要前提。虽然国家早就对村务公开的内容、程序、方式、时间等进行了规定，但是缺少对违反村务公开问责和惩戒的具体办法，至今尚鲜有人因村务公开问题而受到责任追究，致使一些村的村务公开长期流于形式，村民难以对惠农扶贫资金进行有效监督。如在贪污订单粮食直补案件中，不少案件当事人都是通过收购农民粮簿、假冒农户签字、到外地收购商品粮等方式套取粮食补贴款，而相关农民反映从未在村务公开栏看到有订单粮食直补政策，直到检察机关调查的时候才知道有该项补贴。

（五）预防对策建议

1. 惩防并举，架起预防职务犯罪的"高压线"。一是开展集中整治和加强预防扶贫领域职务犯罪专项工作。全区检察机关联合扶贫等部门从 2016 年起开展为期 5 年的集中整治和加强预防扶贫领域职务犯罪专项工作，以专项工作为抓手，集中时间、集中力量、强化措施，依法集中查办惠农扶贫领域的职务犯罪案件，形成惩治的高压态势和持续震慑效应。专项工作围绕脱贫攻坚"八个一批"和"十大行动"工程，重点查办发生在特色产业、劳务输出、异地搬迁、生态保护、教育、医疗保险和医疗救助、农村最低生活保障制度兜底等脱贫项目，以及资产收益扶贫和关爱服务体系中的职务犯罪，以及交通、水利、电力建设、"互联网＋"扶贫、农村危房改造和人居环境整治中的职务犯罪，严肃查办惠农扶贫资金分配、发放管理，以及项目申报、审核审批、项目实施、检查验收等重点环节的职务犯罪案件。特别是依法严惩挤占挪用、层层截留、虚报冒领、挥霍浪费的职务犯罪，以保障惠农扶贫资金落实到位。二是开展"惠农扶贫资金到哪里，预防职务犯罪就跟进到哪里"专项行动。将预防关口前移，组织全区检察机关开展专项预防行动，持续扩大预防覆盖面，不断强化预防措施，重点提升预防效果。加强专题预防。结合查办案件中发现的突出问题，围绕惠农扶贫资金管理和使用、扶贫对象识别和扶持、扶贫规划编制和落实、惠农扶贫项目审批和实施等职务犯罪易发多发的关键环节，对财政专项扶贫、农村危房改造、生态移民、新农合、农村低保等重点惠农扶贫项目开展精细化专题预防，注重普遍性、反复性职务犯罪问题的分析，加强对犯罪规律的总结和源头性、制度性、机制性对策研究，以预防检察建议和专题（专项）预防报告形式向党委政府及相关部门提出预防对策建议，推动建立健全惠农扶贫资金预防监督机制，促进惠农扶贫领域反腐倡廉建设的深入推进。拓展警示宣传教育覆盖面。开展预防"五进"（进机关、进企业、进学校、进农村、进社区）活动，编写惠农扶贫领域警示教育读本，联合有关部门开展预防宣讲、案件现场剖析会、庭审旁听等，发挥案件警示、震慑和教育的作用。推动有关部门建立机制，将预防惠农扶贫领域职务犯罪纳入贫困地区干部培训内容，坚持惠农扶贫资金发放前必先培训、业务知识培训与预防职务犯罪培训同时安排的制度，加强对惠农扶贫系统和基层干部的预防警示教育，强化廉洁观念和守住底线的自觉性。全方位排查职务犯罪风险点。对本地惠农扶贫资金名称、政策依据、补贴标准进行全面梳理，摸清政策资金底数清单，并针对惠农扶贫的重点领域、重点环节、重点岗位以及重要规章制度，联合有关部门全方位、无死角逐一查找职务犯罪风险点，及时提出完善内控机制、加强风险防控的建议措施。加强预警提醒。深化惠农扶贫领域预警预测工作，探索开展对惠农扶贫领域违法和轻微犯罪行为实行预防约谈和预防告诫，指出风险，给予教育引导、察帮诚劝，防止小错变成大案。加强人大、政协对专项预防的监督和推动力度。适时向同级人大、政协报告开展惠农扶贫领域专项预防工作情况，邀请人大代表、政协委员视察专项预防工作和评议专项预防效果，听取人大代表、政协委员、社会各界人士和人民群众对开展专项预防活动的意见和建议，不断提升预防效果。三是加强政策宣传和法制教育。开展预防宣传"进百村、访万户"活动，做到所有自然村全覆盖。充分利用广播、电视、报刊、村务公开栏、乡村广播站、村民大会、基层检察室（站）、检察宣传车、检察志愿者等传统宣传方式和微博、微信、新闻客户端等新媒体加强惠农扶贫领域政策和法制宣传力度，不断提高村民的法律意识和维权意识，营造农民学法、用法、守法、护法的良好氛围。大力推进预防职务犯罪宣传教育进村到户活动，全方位宣传惠农扶贫专项工作的进展与成效，提高惠农扶贫预防宣传教育的覆盖面，最大限度地争取人民群众对预防惠农扶贫工作的理解和支持。组织开展惠农扶贫预防职务犯罪示范乡（村）、项目创建活动，营造风清气正、人人参与的惠农扶贫大预防氛围。

2. 完善制度，织密惠农扶贫资金的"防护网"。一是完善惠农扶贫项目与资金整合制度。以县级为单位，建设县级惠农扶贫资金项目整合管理平台，建立健全惠农扶贫项目和资金整合工作机制。探索把专项扶贫资金、相关涉农资金和社会帮扶资金等下达到县，建立责任、权力、资金、任务"四到县"的机制，将惠农扶贫项目审批权和资金使用权下放到县，由各个县根据惠农扶贫资金投向要求以及本县惠农扶贫规划、年度项目计划、资源优势、产业基础和群众需求，由县有关部门拿出方案报县级政府审批，并报市、自治区有关部门备案后实施，以实现惠农扶贫资源与农民需求精准有效对接，提高惠农扶贫资金投向精准度。进一步完善县级惠农扶贫资金整合绩效考评和激励机制，对资金的整合、使用管理、效应等进行全面考评，将考评结果与下年度专项资金的分配相挂钩。对整合绩效好、监管措施到位的地方和单位，在安排涉农项目和分配惠农扶贫资金时给予适当倾斜支持；对绩效差、管理不到位的地方和单位，予以适当扣减。二是完善人员经费保障机制。确立清理专项转移支付项目制度。对现有专项资金进行合理的归并和清理，逐步取消竞争性领域专项和地方资金配套，严格控制引导类、救济类、应急类专项，对保留专项进行甄别，属地方事务的划入一般性转移支付。建立合适的惠农扶贫资金支出进度机制。对于涉及春耕春种、抗灾救灾、春防秋防和突发重大动物疫情以及维护库区社会稳定等惠农扶贫资金，在部门预算未批复和资金未下达前可采取预拨和专项调度的方式提前安排、加快支出。由自治区财政、审计、农业、扶贫等部门组织开展历年惠农扶贫滞留资金大清理行动，对一定期限不能使用的予以收回，杜绝人为滞留惠农扶贫资金现象。建立基层惠农扶贫工作站平台。惠农扶贫主管部门加强与党委组织部、编办等部门对接，整合基层站所、大学生村官、贫困村第一书记、驻村工作队员等人员，统筹各方面、各部门资源，调动各方面力量，形成惠农扶贫监管合力。

3. 科技促廉，增强惠农扶贫资金的"透明度"。一是加强民生资金平台建设运用。借鉴现有的强农惠农资金电子监察系统和"阳光农廉网"工程经验，完善现有的自治区、市、县三级联网的民生资金电子平台，进一步加快电子平台的标准化建设，将惠农扶贫政策、资金发放流程、发放标准、发放对象、发放金额、发放进度等集中公布于电子平台，向全社会公开，确保公众的知情权与参与权，形成"人人都是管理者，人人都是监督者"的格局，防范惠农扶贫资金被贪污和挪用。二是加快惠农扶贫大数据平台建设。用好建档立卡成果，在前阶段扶贫精准识别建档立卡的基础上，运用大数据手段，建设扶贫大数据平台建设，加快与公安、工商、国土、住建、社保、税务、林业、组织人事等有关行业部门对接数据共享工作，落实惠农扶贫资金项目与惠农扶贫对象有效对接，实现惠农扶贫资金项目全过程跟踪和动态管理、不正常数据自动识别纠错预警功能，确保实施精准帮扶，实现精准管理，精准考核，达到精准脱贫的目的。三是建立统一的村务公开平台。以县为单位，统一建立架构于互联网的村务公开平台，由各村将村级财务、自治事务、政务、党务等细化事项公布在村务公开平台上，重点对惠农扶贫资金的分配、拨付、使用情况进行全程监控与公开，把平台打造成村务"公开无遗漏，监督无死角"的平台，提高惠农扶贫资金的管理水平，最大限度地发挥电子平台公开、服务和监督的作用，从公开途径与监督方式上预防有关人员贪污、挪用惠农扶贫资金等现象发生。

4. 落实责任，促进制度执行的"自觉性"。一是强化问责追究。加强惠农扶贫领域党风廉政建设督办约谈和问责追究，对造成扶贫资金被挤占挪用、损失浪费或出现其他严重惠农扶贫违法违纪问题的责任单位和责任人坚持严肃问责、"一案双查"，不仅要追究直接责任，还要追究领导责任，不仅要追究主体责任，也要追究监督责任。通过层层传递压力，层层落实主体和监督责任，以"动员千遍，不如问责一次"的决心促进惠农扶贫领域廉政制度落实。二是加强案件通报。完善案件通报制度，对惠农扶贫违法违纪案件，除了涉及党和国家秘密的，都应当向社会通报其姓名、工作单位、职务、主要违法违纪事实和处理结果等信息，充分发挥"一个案件的通报，胜过千言万语的说教"的威慑和警示教育力度，促进制度执行的责任落实。

5. 配合联动，形成整体推进的"大预防"。一是建立预防协调机制。建立纪检监察机关、检察院与当地党委农村工作综合部门及扶贫、财政、审计、发改、农业、移民、教育、民政、国土、水利、卫生、林业等惠农扶贫主管部门之间的预防惠农扶贫领域职务犯罪工作协调机制，成立预防惠农扶贫领域职务犯罪工作领导小组，建立和完善联席会议、线索移送、办案协作、共同预防、调研分析、专项检查、专项工作报告等制度，坚持一年一部署、一年一阶段、一年一验收、一年一通报，推动各有关单位发挥在惠农扶贫领域预防主体作用、履行预防职责，形成预防合力。二是健全查办案件配合机制。建立惠农扶贫案件线索快速移送和案件查办协作配合机制，实现扶贫部门 12317 举报平台与检察机关的有效衔接；健全检察机关与纪检监察、审判、公安、审计等机关信息共享、案件协查和监督配合工作机制，推动专项工作更好的发展。三是建立扶贫领域预防基础数据联通机制。检察机关利用扶贫部门的当地贫困人口数量、区域分布、扶贫项目清单和扶贫资金安排等扶贫开发基础数据，实现与扶贫开发信息系统的有效共享，建立财政专项扶贫资金项目信息监管联通机制，做到基础底数"清晰化"、预防监督"精细化"、对策建议"有效化"。检察机关同时每年向扶贫部门提供扶贫开发领域职务犯罪立案、有罪判决、预防等相关数据。四是建立惠农扶贫预防大宣传机制。争取党委、政府的支持，加强与宣传、文化广电、交通、工商等部门沟通联系，推动将预防职务犯罪公共宣传纳入社会公益宣传规划，建立在电视台、门户网站、户外宣传显示屏、远程教育平台、公共交通媒体平台、"广西预防职务犯罪宣传联播网"终端等媒体、平台集中播放惠农扶贫预防公益广告、预防宣传短片的大宣传机制。

四、广西检察机关电子检务工程建设情况调研报告

广西检察机关认真贯彻中央、最高人民检察院和自治区党委部署要求，积极适应信息技术发展趋势，坚持把信息化建设摆在突出位置，以电子检务工程建设为龙头，统筹谋划、加大投入、科学实施，全区检察信息化建设和运用取得了显著进步。

（一）基本情况

自治区人民检察院扎实推进电子检务工程建设。广西电子检务工程项目可行性研究报告、项目初步设计方案及投资概算报告先后通过自治区发展和改革委员会委审批。自治区人民检察院是全国第 5 个获省级发改部门批复的单位，初步设计方案和投资概算报告是

全国除新疆生产建设兵团检察院外第一个通过审批的省级人民检察院。项目获政府总投资3.5亿元，并争取到950多万元项目建设前期启动资金和项目审批"绿色通道"。项目建设内容包括"3体系"、"2网"、"2中心"和"1平台"，涵盖检察办案、办公、检务保障、检察队伍管理、检务协同和检务公开六大类22个应用项目，建设范围覆盖全区132个检察院。前期启动的综合检务指挥中心和案件信息管理平台2个子项目建设已完成。其中，综合检务指挥中心于10月建成，占地270平方米，配置2个超大LED屏幕，可对全自治区检察机关所有音频、视频和业务数据进行统一调度和指挥，具备多功能视频会议、联动应急指挥调度、远程培训等功能。案件信息管理平台是在统一业务应用系统和统计报表系统基础上自主研发而成，具有检务决策分析，数据图表展示、案件流程监控、办案期限监督、涉案财物监管、深化检务公开等功能。

（二）主要做法

1. 统筹推进，力创良好开局。5月、10月，广西电子检务工程项目可行性研究报告、项目初步设计方案及投资概算报告先后通过自治区发改委审批。在有关部门的大力支持下，广西电子检务工程项目已纳入广西电子政务工程总体项目和自治区"十三五"规划，并形成了多级投资机制，工程建设得到有力的政策支持和经费保障，工作进度和投资额度均处于全国检察机关前列。

2. 加大投入，提升信息化运用水平。建成检公互联、检法互联、检监互联项目（一期）。11月初，新版OA软件正式启用。综合检务指挥中心和案件信息管理平台也已投入使用。全区检察机关办公自动化应用、办案流程化应用、远程视频应用、侦查信息化应用、政法互联应用取得了初步成效，信息化应用环境进一步完善，检察人员信息收集利用能力、指挥协调能力、侦查办案能力进一步提升。

3. 推动检务公开平台建设，以信息化促公开。全区检察机关大力推进检察门户网站、12309举报平台、案件信息公开系统的广泛应用，以"两微一端"为代表的检察新媒体矩阵初步形成，在推动检务公开、检察宣传和服务群众方面发挥了积极作用。

4. 加大信息化基础设施建设力度，夯实信息化基础。全面推进基础网络平台、系统运行平台、安全保密平台、运维保障体系建设，全面建成专线网络体系并不断优化，尤其是根据涉密信息系统管理要求，全面推进检察专网分级保护建设，建成完善的网络身份认证、电子印章和线路加密系统。检察机关信息系统安全保密水平得到明显提高。

（三）存在的主要问题

1. 工程建设发展不平衡。从我区各级检察院电子检务工程建设进度看，配套资金的到位情况存在较大差距。有的检察院得到财政部门支持力度不够。既有一些地方财政部门和发展改革部门对项目政策收紧的因素，也有一些检察院领导对电子检务工程建设的重视程度不够的原因。

2. 部分检察院推动电子检务工程建设的积极性不高。一些检察院存在"等"、"靠"思想，认为电子检务工程建设是"省院统一部署"，不够积极、主动。

3. 数据信息运用深度不够。数据信息的共享、分享和业务的协作还不到位，存在信息化与检察业务融合不够紧密，检务公开、检民互动平台载体不完善等问题。

4. 推动工作合力不足。一些检察院主要靠信息技术部门推进电子检务工程工作，没有形成全院一盘棋，信息技术部门在工作层面上很难推动一些政策层面的工作，导致工作未能按照计划进度推进。业务和信息技术存在脱钩现象，信息技术人员不了解业务部门的具体需求，而业务部门由于对信息技术缺乏了解向信息技术人员表达业务需求的积极性不高。

5. 信息技术人员紧缺。一些基层检察院技术部门仅配有一名信息技术人员（且非专职负责信息技术工作）。不少地市级检察院虽然有专职的信息技术人员但仍缺乏技术力量尤其是缺乏高层次的技术人才。信息技术人员在协助业务部门办案特别是协助自侦部门办案过程中，也没有足够时间去学习前沿技术提高自身技术能力，如电子取证、测谎等这些专业性较强的技术科目。

（四）对策建议

1. 进一步提升做好广西电子检务工程建设工作的责任感、使命感。一是深刻认识到电子检务工程建设工作是检察机关顺应信息化时代的必然要求。在信息化飞速发展的时代背景下，信息化的发展和应用带来纷繁复杂的社会治理问题和法律问题，特别是犯罪活动的智能化、高科技化、跨区域化、组织化特点更加突出，互联网犯罪日益增多，对检察人员运用信息技术发现和惩治犯罪提出更高要求，只有检察信息化才能满足检察工作发展进步。二是深刻认识到电子检务工程建设是检察工作创新发展的新动力和手段。信息技术的广泛运用，不仅有助于提升检察工作质量效率、缓解案多人少的矛盾，也有利于推动检察机关与相关部门和社会的互动交流。检察机关不断提升信息化建设与应用水平，事关法律监督工作成效，事关检察事业长远发展。三是深刻认识到检察信息化建设是检察工作科学化、专业化、规范化发展的需要。检察信息化对检察机关司法理念的转变、办案模式的优化、规范化水平的提升有重要作用。要紧紧抓住"互联网＋"这个战略机遇期，进一步增强做好广西电子检务工程建设工作的责任感、使命感和紧迫感，强化危机意识、前瞻意识和可持续发展意识，提升工作主动性、积极性。

2. 进一步加强领导，强化保障。一是切实落实领导责任。"一把手"要亲自抓、亲自负责、亲自部署。加强向同级党委政府的请示汇报，争取把电子检务工程纳入当地"十三五"规划，编进财政预算，为电子检务工程建设提供充足、持续的资金保障。由自治区人民检察院统一部署，根据不同时期进度要求，确定工作任务和进度安排，便于下级检察院和机关各部门掌握项目的计划进度和部署要求，形成电子检务工程建设"一盘棋"，实现整体推进，避免重复建设，并注重制定统一标准规范，使新建的电子检务工程项目能够"互联互通、共建共享"。二是加大力度整合现有资源。利用技术手段对现有的系统进行整合，最大程度争取不让已有的投资失去效用。全区检察机关技术部门作为信息化建设的牵头部门，应主动加强与各相关部门的沟通、协调，按照检察业务实际需求拿出具体可行的建设方案。各业务部门应就应用系统的科学性、实用性等问题加强与技术部门的沟通，不断推进应用系统功能的升级完善。三是把电子检务工程建设与自身廉政建设结合起来。落实"两个责任"，严格财经纪律和工作纪律，积极构建符合电子检务工程工作的廉政风险防控机制。加大内外部监督力度，将工程招标、采购、评审、验收等重要环节，纳入领导责任追究和纪检监察监督范围。纪检监察部门要积极参与和监督重大资金的使用，确保工程优质、干部优秀。坚持勤俭节约和少花钱多办事的原则，把有限的资金用到重点急需建设项目上。

3. 准确把握方向，突出重点。紧紧围绕检察工作进行规划和建设，深入推进司法办案、法律监督、公正司法和检察管理信息化，为检察工作提供强有力的科技支撑。在全面推进检察工作信息化的前提下，一方面，要突出检察业务工作重点，根据司法办案、法律监督、规范司法、检务公开等检察业务工作需求，规划和实施一批信息化项目，促进检察工作现代化；另一方面，要突出信息化应用重点，紧密结合工作需求，把握好信息化工作从规划设计到建设、应用、管理、运行维护等各个环节的工作目标，以用促建，进行规划实施。

4. 大力推进信息化与检察业务的深度融合。检察工作信息化建设的目的在于通过信息化手段提升检察机关维护司法公正、提升司法能力、强化司法监督、规范司法行为、深化司法公开的能力。针对信息技术手段在检察业务中运用的广度和深度远远不够的问题，坚持以需求为主导、以业务为主线，促进信息化与检察业务的深度融合，以信息化手段为检察工作提质增效。要认真开展需求调研。按照办案类应用以统一业务应用系统为主线，办公类应用以公文流转、纵横向公文交换和身份认证、电子印章为主线，队伍建设类应用以完善检察官办案责任制，建立科学规范的检察官培养选拔和考核评价体系为主线，检务保障类应用以省以下地方检察院人财物统一管理为主线，信息共享公开类应用以"两法"衔接、职务犯罪侦查信息查询分析和网上网下一体化服务平台为主线的思路，认真组织梳理完成各业务条线建设应用需求。加强与其他执法司法机关的沟通协调，促进执法司法信息资源的高效对接，加快实现执法司法信息资源共享和交换，提高法律监督的质量和效率。

5. 充分发挥电子检务工程效能，推进"一站式"检务服务平台建设。依托电子检务工程，改造检察机关互联网门户网站，以案件信息公开系统为主平台，积极开通并打造集检察门户网站、微博、微信、微视、新闻客户端、手机短信彩信、APP手机应用软件等于一体的互联互动平台，增强信息发布、案件信息查询、在线交流、咨询服务、法律解读等功能，形成多层次、多角度、全覆盖的检务公开网络，强化宣传教育和服务功能，增强检察工作透明度。加强应用系统整合力度，推进检务服务中心建设，逐步将检察人员违法违纪投诉举报、代表委员联络、12309检察服务、律师会见约见、行贿犯罪档案查询、网上申诉、信访、业务受理等融为一体，提升"一站式"检务综合服务平台。

6. 着力提高检察队伍信息化能力和水平。高度重视检察人员信息化应用能力的建设，不断适应信息化条件下的司法办案形势要求，熟练掌握信息化应用技能，着力提升整体检察人员业务能力水平。重视和关心信息技术队伍的发展，提高信息化工作人员的技术能力和项目管理能力，培养和锻炼一批掌握信息技术、熟悉检察业务、懂工程项目管理的专门人才，建立一支稳定的信息技术队伍。建立健全专门信息化机构，配齐配强信息化技术人才，不断优化技术人员的年龄和知识结构，为电子检务工程建设完善和信息化长远发展提供人才保障。积极探索信息系统运行维护服务外包工作模式的可操作性，将电子检务工程项目的运行维护服务工作放在建设过程中并行考虑。

后　记

　　本书是广西壮族自治区人民检察院 2015 年推动检察工作科学发展成果的集中展示，便于社会各界进一步了解广西的检察工作。

　　广西壮族自治区人民检察院法律政策研究室集中力量对本书进行了组织编撰。编撰工作得到了各相关部门领导和业务骨干的大力配合，在此致以衷心的感谢！

编　者

2016 年 12 月